世間体国家・日本

その構造と呪縛

犬飼裕一

光文社新書

はじめに

日本人に染みつく「やっかいな存在」

本書の目的は、世間体の構造、そしてそれがもたらす呪縛について明らかにしつつ、世間体に強く支配される日本社会と日本人の在り方に、社会学者として一石を投じることにある。

世間体には功罪がある。それが健全に機能する上においては社会の安定と秩序、公共性の維持に寄与するが、ひとたび機能不全に陥ると、個人の疎外や孤立、組織の硬直化や国としての活力の減退につながることになる。

特に世間体が「負」の働きをする時、個人を見れば最悪は自死といった痛ましい事象へとつながり、国レベルではかつて我が国が太平洋戦争に突き進んでいったように、誤った認識やドグマ（固定された堅固な信条）、プロパガンダといったものに社会が支配され、個人が抗することができずに文字通り亡国の危機に陥る。そして、この危機は何も古代からの伝統、あるいは太平洋戦争とその前の時代特有のものではない。今、そこにある難問でもある。

　それを浮き彫りにしたのがコロナ禍だ。コロナ禍は世界レベルでの有事だが、規律構造である世間体（第1章で詳述）と社会の関係性を考える上で、多くの示唆をもたらした。戦争や災害、パンデミックという非常事態は個人の本性を時として浮き彫りにすることがあるが、社会の本質もまた、大きくあぶり出される。

　新型コロナウイルスの感染拡大前、日本に渡航してきた多くの外国人たちは、「日本の街はゴミが少ない」「公共空間や商業施設のトイレが綺麗だ」と口を揃えて言っていた。ドイツなど、海外での居住経験を持つ私もそう感じるし、大学にいる留学生も、大方、同様の意味のことを言う。

　こうした、衛生面や街の美化に関して高い基準を社会レベルで共有していることは誇るべきことである。一方、公共空間で高い秩序が保てるような規律と、それを生み出す構造は当然ながら日本社会に特有のものであるが、この規律は一歩道を誤ると、特定の個人や組織に対して牙をむくことがある。

　その一つの例が、コロナ禍でのいわゆる「自粛警察」だ。自粛警察という言葉は日本国内で感染拡大が広がった、かなり早い時点から主にインターネット上で流布され出した俗語の一つだが、一般市民が一般市民を監視し、罰する行為を指す。中世ヨーロッパで横行した「魔女狩り」(「魔女」とはキリスト教的な考え方から生まれた悪魔の手下と考えられてきた女性のこと。15世紀から18世紀まで、全ヨーロッパで「魔女」と認定された被疑者は推定で4万人から6万人が処刑されたとされる)とほぼ同じ構造を持つが、これは、世間体が生み出した現象の一つだ。

世間体は、まるで空気のように日本人の無意識の部分に深く染みついている。だが、空気のように「見えない」「見えづらい」存在だからこそ、余計にやっかいなものだともいえる。

世間体社会・日本

人は、人間関係なくしては存在できない。また、一人では決して生きていけない。なぜなら人は、生物としても社会的な意味でも、本質的にそうした存在だからだ。人間はたとえ単身で暮らし、ネットの中に没入して生きていても、人間関係と社会から切り離しては文字通り生命を維持することができない。なにより人間らしさを形づくるためには他者との関係性は不可欠で、その意味でも人間は、常に他者を求めざるをえない。

仮に、単身で一日の大半を部屋にこもりっきりで生活しているとしよう。そうであっても、食事を摂らなければ生きていけない。食事を摂るには、農業や漁業、加工業や運送業、小売であるコンビニエンスストアやスーパーマーケットといった各システムと、そこで従事する無数の人々が絶対必要になる。

その意味で人は、個人と社会の関係が生み出す「世間体」から逃れることはできない。たとえば「良い学校に行き、良い企業に就職し、良い結婚をする」という未だに日本社会に広がる「良い人生」の神話も世間体から生み出されるものだ。また、「出る杭は打たれる」に象徴される日本的な同質性も、世間体がもたらす一つの側面といえる。

世間体がもたらす負の部分は、バブル景気とその後の「失われた20年」を生み出した背景にも見出《みいだ》すことができる。また、かつて栄華を極めた日本の製造業が短期間で衰退していくプロセスにも暗い影を落としている。もっと身近な事象でいえば、台風や大きな地震の後に鉄道会社が安全確保のために運行規制をしているにもかかわらず、出社のために駅に長蛇《ちょうだ》の列をつくる人々の姿の背景にも、世間体は強く作用している。

それだけではない。近年問題となっている「就活自殺」も、日本社会と日本人が世間体に知らず知らずの間に覆われていることを示す象徴的なものだろう。

なぜ、学生が就職に失敗した（もしくは自分が失敗したと思い込んでいる）だけで、自らの命を絶たなければならないのだろうか。こんな痛ましい事象が顕在化する国や地域は、私が知る限り日本以外には存在しない。こうした知らず知らずのうちに社会を覆う世間体と、それらが作用することで顕在化する社会的な事象は枚挙にいとまがない。その意味で日本は「世間体社会」「世間体国家」といえるだろう。

＊　＊　＊

本書は、日本社会における世間体についてさまざまな角度から考察するものだが、近現代から現代、そしてネット社会の出現などによる社会の変容にも目を向けながら、世間体の功罪、そして個人として世間体とどう向き合っていけばいいのかを考えていきたい。

それらを通して、個人と社会の関係性を詳《つまび》らかにするのを本分とする、社会学者としての貢献を果たしたいと強く考えている。日本の社会学そのものが、いま、日本社会の課題と次の時代の展望を分析する力を急速に失っていると私は感じている。そのことにも大いなる危機感を抱き、筆を執った次第だ。

世間体国家・日本　その構造と呪縛　目次

第7章　世間体と国家・民主主義 195

終章　世間体との付き合い方――221

第1章

世間体とは何か

規律構造

- 基本構造は維持しつつ流動する
- 各領域は相互に作用

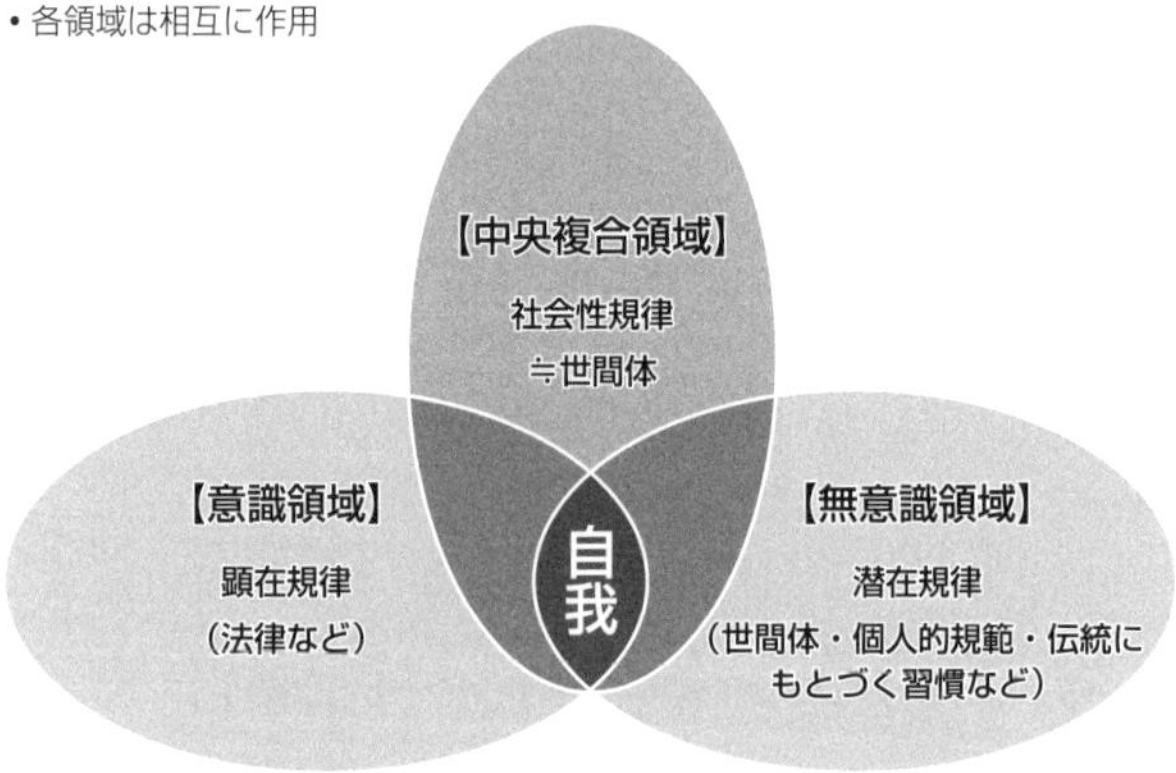

本章では、日本社会における世間体が生み出すさまざまな事象と、その功罪について考えていくための基礎として、まず世間体の構造を分析する。その上で、これまで社会学で用いられてこなかった「規律構造」の概念を提起したい。規律構造とは何か、また規律構造と世間体はどのような関係にあるのか、さらに世界の宗教観なども交えながら、世間体を生み出すものとは何かについて考えたい。

１・１　世間体の構造

「目に見える部分」と「目に見えない部分」

そもそも「世間体」とは何だろうか。辞書では、世間体は「世間（社会）に対する体裁、体面、外聞」と定義される。日常会話では「世間体を気にする」「世間体が悪い」といった形で用いられる機会が多い。つまり意味的には、自分が所属する社会や地域、学校、企業などのコミュニティや組織、集団の中で「他者からどう見られるか、どう評価されるかを気にすることになる。日本人は世間体を気にするあまり、個人として自由に生きている人が少ないといわれることがあるが、これについて思い当たる方も多いのではないだろうか。

この世間体には「目に見える部分」と「目に見えない部分」がある。特に後者の「目に見えない」無意識の部分で、世間体は、より強く、かつ根深く私たち日本人の行動と思考に力を及ぼしている。たとえば結婚をして子どもができた場合に、かつて流通したような「公園デビュー」といったワードに象徴されるように、いかに母親のコミュニティにスムーズに溶け込むかといったことや、子どもが学校で、「イジメ」を受けずにいかに平穏に過ごせるかといったことも世間体の一つの表れとして考えることもできる。

規則と罰則（褒賞）

世間体を考える上で重要な要素に「規律と罰則（褒賞）」「意識と無意識」がある。「規律と罰則（褒賞）」の「規律」は、世間体がもたらす「こうあらねばならない」といった決め事であり、「罰則」は、その〈世間体＝規律〉を守れなかった、あるいは、そこから外れた時にもたらされる「ペナルティ」、つまり「しっぺ返し」である。その裏返しとして、「規律＝世間体」に則していれば与えられる（または、与えられるであろうと信じる）褒賞を抱合した構造だ。

「良い学校に行き、良い企業に就職し、良い結婚をする」という世間体の一例でいえば、この規律に反した場合は、地域社会や企業、あるいは家庭などで「軽視される（あるいは無視される）」、もしくは実際にそのような罰があるか否かにかかわらず「（そのような）冷遇をされる恐れを抱く」ということになる。

「鉄道の運行規制時（事故や災害などで電車が大幅に遅れた時）の朝、あえて行列に並んで出社に備える」という事象が現実の場面でも散見されるが、この例ではどうだろう。このケースでは、出社しても通常よりはるかに遅い時間に職場に到着することは明白だ。だから、その日は仕事にならない可能性が高い。

なのに、なぜ出社するのか。それは、仮に出社しなかった、もしくは出社に向けた努力をしなかった場合に、職場での自身への評価や、もっといえば社内での査定にも影響しかねない（あるいは影響する恐れがあると思っている）ということになる。

つまり、「出社に向けて努力しよう」という強固な規律がある（もしくはあると信じる）上で、それに反した場合の罰である「職場での明示的・暗示的な評価が下がる」という構造があることになる。

これが世間体を考える上で重要な要素の一つとなる「規律と罰則（褒賞）」だ。この構造は「規定があって、それに反した場合は罰則がある」という意味では法律にも当てはまる。その意味で、法律は世間体の一部をなすともいえる。

意識と無意識

次に、「意識と無意識」について考えてみよう。個人が世間体に直面する時、世間体の構造である「規律と罰則（褒賞）」は、何も意識上にあるとは限らない。明確に「特定の決まりに従わないと罰を受けるかもしれない」といったことを想起しなくても、無意識でその構造を感じ、自動的にその人の行動を決定づけることも多い。

そして重要なのは、世間体を考える場合、その無意識の部分がより根深い影響力を持っている点にある。この「無意識領域の世間体」は、人が長年過ごした環境や構造の中で蓄積して内面化したものという言い方もできるだろう。

一つには、たとえば神社や仏閣への畏怖といったものが挙げられる。神社に行って鳥居をくぐる時に無意識に一礼する人は多いと思うが、これは社会と対した時に自然と行動を根拠づける「自動思考（元は主に認知行動療法で用いられる用語だが、ここでは誰もが持つ、自分の意思とは関係なく、主に無意識から自然と湧き出る思考）」と呼ばれる。自動思考は、つまり本人が気づかないうちに特定の行動を取る（あるいは取らない）ように自ら仕向けるものだ。私見では、神道の最も素朴な根幹がここにある。そして、最も素朴であるがゆえに、日本の神道は強固なのである。それは人々の日常に深く根を張っている。最近の例では、マスクをしていない人を見ると無意識に忌避するという行為もそれにあたる。

世間体はこうした意識と無意識領域にまたがり、法律といった顕在化した規律だけでなく、潜在的に存在する（あるいは存在すると信じられている）規律を広く包含して人の行動を決定づけている。

また世間体は、時代や集団、組織やコミュニティによっても変遷する。もちろん、世間体は日本社会に特有の事象ではなく、世界各国でも存在する。また、一国内でもその有り様は一様ではない。

例として北海道と本州の違いを挙げよう。本州では冠婚葬祭の場面で、結婚式と葬儀を同一の施設で行うことは基本的にない。しかし、北海道では冠婚葬祭を事業とする会社の同一の施設で、結婚式と葬儀を行うことに対して特段の忌避はない。本州の伝統に慣れた人々は、かなり戸惑うことになる。

こうした地域による世間体の違いは枚挙にいとまがない。つまり世間体とは、国や地域、学校や企業といった集団や家庭といった各要素の中に存在し、かつ無意識領域と意識領域にまたがって重層的に存在しているということだ。

心の中にこそ強く存在する

世間体を考える上で、もう一つ重要な要素がある。それは、世間体が多くの場合、個人の頭の中にあるということだ。刑法のように実際に条文と罰則が明記されているものは、「規律と罰則（褒賞）」の構造として意識しやすい。だが、そうでない社会や特定の集団、あるいはコミュニティ内での不文律については、各人がある程度自分で認識して対応する必要がある。

たとえば職場の上司が夏場の冷房が嫌いだったとしよう。この時、部下が次のように考えていたとしたらどうだろう。

もし、自分が独断で冷房を下げれば、上司の機嫌を損ねるかもしれない。それらの個々の事項の積み重ねによっては上司との人間関係が悪化し、ゆくゆくは自分の人事評価にマイナスの影響が出るかもしれない――。

もしかしたら、当の上司はそれほどエアコンの温度を気にしていないかもしれない。だが、それについて部下が「これは重大な事項だ」と判断すれば、より強固な規律として各々の個人を支配することになる。

つまり世間体は、構造として確かに存在するが、個人の受け取り方や対応の仕方によっても変化するということだ。世間体は、人々の相互関係によって生み出されている。しかし、これが強化されれば、それを生み出した人々にとって過度な「呪縛」ともなるだろう。であるからこそ、世間体の在り方を掘り下げて考えることで、社会学が研究の対象とする、社会の構造や個人と社会との関係性を明らかにすることにつながるのだ。

それを大前提としつつも、私は、今の日本社会にかなり特有の世間体の問題が存在していると考えている。これが、本書が扱う重要なテーマの一つでもある。

本書では、まず、世間体とは「個人間あるいは特定の集団（2人以上）において、その社会生活上・コミュニケーション上で機能する、顕在化・潜在化した比較的強固な規律と罰則（または褒賞）の構造」であると定義した上で（以降、便宜的に「規律構造」と称する）、日本社会と世間体、そして個人と世間体の在り方について、その構造と呪縛についてさらに明らかにしていきたい。

1・2　世間体というフィクション

個人の生き方は何で決まるか

人は生きる上で、何かしらに価値を置かなければ生きていけない。生きる意味は、すべての人にとって不可欠である。多くの人にとって、最も根源的な価値とは「生命の維持」だろう。これは人間の本能の部分で、意識するかしないかにかかわらず、誰もが行っていることだ。この「生命の維持」には、食べ物を食べ、水を飲み、防寒のために着る物を得ることが必要だ。

生命を維持できた次の段階は、社会の中で生きる人としての在り方がより大きく分かれることになる。ここに、人間性が大きく表れることになる。生命の維持が比較的容易である現代においては、直接は生命の維持に必要のない、嗜好品や贅沢品にも価値を置く人が多くいる（この点については前近代においても同様の構造はある）。また手段であるはずの貨幣そのものに、より価値を置く人もいる。

その一方で、貨幣や嗜好品、贅沢品や、それらが織りなす華美な生活よりも「より良く生きる」ことに価値を見出す人も多いだろう。また家庭を持ち、子どもをもうけ、子の成長を見届けながら人生を全うすることに価値を見出す人も多い（個人的には、もちろんそれは素晴らしいことだと思う）。さらに社会貢献活動や奉仕活動、政治活動や社会変革に価値を置く人もいる。

つまり、価値をどこに置くかで、その人、個人の生き方が決まるといっても過言ではない。この価値については、社会と個人との相互作用の中でその意味が与えられることになる。なぜなら、生命を維持するための糧を得る上でも、貨幣を得る上でも、よく生きる上でも、大原則としてこれらは一人の力では成し遂げられないからだ。だからこそ、人は社会との間の相互作用の中に存在し、規律構造である世間体の中で生きることになる。

「他人の目が気になる」理由

たとえば過度なナルシスト（ナルシシスト）、つまり病的に自己愛の強い人は、自分を支えるために絶えず自分に対する周囲からの称賛を必要とする。

なぜそのようなことになるのかといえば、ナルシストは日常的に自分自身に自信がないからだ。自分に自信がないので、人間関係の中で周囲を巻き込み、常に称賛を得なければ生きていくことが難しい。これに対して比較的自分に自信のある人は、自己の中で良し悪しを決めることができるなど、ある程度、自己の内部で自己完結ができている。だから、周囲からの称賛をいたずらに求めることはしない。

これと同じことが世間体と個人の関係にもいえる。自分の中に確固とした自己像があり、自分を信頼していれば、周りのことなど本来ならどうでもよいはずだ。しかし内面が空虚である人は、自分を存立させる、その基盤を世間体に置く比重が大きく、そのことによって絶えず世間体を気にしながら生きていくことになる。

「他人の目が気になる」とはまさにこの状態を指す。もちろん、そうでない人も多くいるが、多くの日本人はこの点において世間体に価値を置きすぎている。

そのように内面化された世間体がよく発露される場合には、治安や公衆衛生の良好さとして、また「人当たりの良さ」といった面で示されることになる。

一方で、世間体が悪しき面を示す時に、それが内に向かえば自己蔑視になり、最悪は自死を招くことにもなりかねない。また外に向かえば、世間体をもとに他者を過剰に裁く攻撃性が発揮されることになる。空虚であるがゆえに内面化され、価値を過度に置かれた世間体は、往々にして後者において発現することが多い。ここに、内面化の恐ろしさがある。

人はフィクションの中に生きる

人間と動物を分かつものは何だろうか。その大きな要素の一つは、言語、つまり言葉と文字を操ることができるか否かにある。そしてそれは、個人と個人の間、そして社会と個人との間のコミュニケーションで欠くことのできないものになっているのはいうまでもない。普段、多くの人はこの言語について、あまり気にすることなく使っていることだろう。

もちろん言葉は、「山」「リンゴ」「自動車」といったように具体的な物品を単語として置き換えて会話や文章の中でやりとりし、それを共有することができるが、より言語が人間を人間たらしめるのは、抽象的な概念を言葉にできるという点にある。

たとえば「愛」「希望」といったものは、具体的な物体として存在しないが、人間が人間らしく生きる上においては、とても重要なものだ。こうした抽象的な概念を時に崇高なものとして共有できるのは、科学的に立証できる範囲において、地球上に現在は人類（現生人類）しかいない。

もっといえば、たとえ「山」「リンゴ」といった物体について指し示す単語においても、それは実際に存在する山やリンゴとは違う。

仮に１００人の人がいたとして、「山」を思い浮かべてもらうとしよう。その想起する「山」は、１００人が１００人とも違うイメージを持っている。ある人は、富士山を思い浮かべるかもしれない。別の人は、北アルプスの山脈や北海道の大雪山を思い浮かべるかもしれない。そして「富士山」を何人かが思い浮かべたとしても、それぞれの「富士山」はすべて細部や色などが違っているはずである。

これが示すのは、人間は本質的に他者との間で作り出したフィクションの中に生きているということだ。だからこそ、人は文学や芸術という魅力的なフィクションを欲するともいえる。小説や映画といった創作としての物語と現実社会はもちろん違う。しかし、物事を言語として置き換え、それを共有するという意味において、それらはいずれも人々が相互に作り出したフィクションなのだ。

人と人とがコミュニケーションを取る時、短い会話の中でも、固有名詞や名詞、形容詞や動詞など、さまざまな性質の言葉を組み合わせて意味のある文章としてやりとりする。それ自体が、実体のない、手に触れることのできない〝概念〟を常に共有していることになる。

これは「民主主義」といった政治理念や法律などの現実の社会の中にある、さまざまな概念や決まり事についてもそうだ。なぜなら「民主主義」や「刑法」などという物体は存在しないからだ。だが、重要なものであるのはいうまでもないだろう。人は、そうした概念を「存在するもの」「こういったもの」といった規定と約束事の上にコミュニケーションを取っている。

世間体もフィクションにすぎない

「人間はフィクションの中に生きている」という文脈で語る時に、もう一つ大きな意味がある。それは、そうした〝概念の楼閣〟ともいうべきコミュニケーションの中に生きる時に、人は「自分は他者（あるいは集団）との関係性において、どのような位置にあるのか」を常に意識と無意識の中で感じながら過ごしているということだ。

つまり人は普段、「この人は、社会的に『上（の立場の人）なのか』『下（の立場の人）なのか』『同等（の立場の人）なのか』」「これは言ってもいい言い回しだろうか、言ってはいけない言い回しだろうか」といった、自分の社会的なポジションと役割をもとに言動を取っている（あるいは取らないでいる）。

ここに、世間体が介在する。

世間体も同様にフィクションである。人は、概念が複雑に積み上がって紡ぎ出される壮大かつ生き物のように蠢《うごめ》く文明というフィクションの中において、誰しもが役者として何かしらの役割を演じている。それは「夫・妻」「親・子ども」「上司・部下」「教師・生徒」「友人・恋人」といった比較的明確に規定し得るものに留まらない。たとえ一人でも社会の中で常に規定され、その場その場で、対面する他者との関係性や相互作用の中でダイナミックかつリアルタイムに生み出されるものだ。

そして各人が、他者や社会との関係性の中で、許容される範囲で言動を行うのが社会性のある人の在り方である。その許容される範囲を決定づけるのは、社会そのものであり、他ならぬ世間体なのだ。人間が人間である限り、この世間体というフィクションとともに生きざるを得ない。つまり、その限りにおいて人間は世間体の呪縛からは逃れられないといえる。

1・3 宗教と世間体

日本人の宗教観

日本人と世間体を考える上で、少し視点を変えてみたい。その視点とは、日本人と宗教、あるいは宗教観についてだ。G7(Group of Seven)の構成国である、フランス・アメリカ・イギリス・ドイツ・日本・イタリア・カナダ、7先進国について、日本以外は国民の大多数がキリスト教の国である。この点で先進7カ国の中でも日本は、ある面では特徴的な社会であるともいえるだろう。

日本人はよく「特定の宗教を持たない」といったことがいわれる。果たしてそうだろうか。こんな調査がある。2018年にNHK放送文化研究所が参加している国際比較調査グループＩＳＳＰが行った日本人の宗教意識に関する調査[*1]では、日本人が「信仰している宗教」について、仏教を信仰している人が31％、神道が３％、キリスト教が１％となったのに対して、「信仰している宗教なし」としたのは62％にのぼった。多くの日本の仏教が、たとえば毎週日曜に教会に行くことを信者の務めとするキリスト教会と違い、おしなべて葬祭やそれに関連した行事以外に日常的な宗教行為を信者として行わないことからすれば、日本人の大多数が特定の信仰を積極的に持っていないとも見ることができる。

一方で多くの日本人は正月には神社仏閣へ初詣に行き、彼岸には墓参りをし、近年では「パワースポット」として史跡や霊場などを訪れている。

これは意識の上では、「自分は特定の宗教を持っていない」「自分はどの宗教勢力の信者でもない」と感じながらも、無意識下では、少なからず人智を超えるものに対する尊敬と畏怖の念を抱く人が多くいることを示している。これこそ、日本人の宗教観だといえる。

別の言い方をすれば、たとえばキリスト教でいえば、プロテスタント各派やカトリック教会、イスラム教でいえばシーア派やスンニ派といった、特定の宗教勢力や団体に属していなくても、日本人として諸外国の宗教的な体系と似た内面の構造を持っていることになる。

これは後の章でも述べるが、近代以前の日本人が共有する宗教は、神道を基盤としながら、後に輸入された仏教や儒教が複雑に融合した複合的な要素が、明治維新（つまり近代化）と太平洋戦争の敗戦によって大きくその質を変えたものといえる。そして、それらがより潜在的に絡みながら現代までその宗教体系が引き継がれているといえる。また、日本では、特に近代以前に持っていた神仏や儒教といった信仰をその根に持ちながらも、社会全体で共有する信仰自体の基盤は表面上、弱まっているように見えるかもしれない。しかし、真相はどうだろうか。

日本を支配する「世間体教」

そもそも宗教とは、それぞれの文明圏において、その社会の規範と哲学の源泉になっているものである。たとえばキリスト教文明圏であるＥＵや南北アメリカ諸国では、近代化によって国の統治機構や国家権力と教会が切り離され、政教分離を謳《うた》う憲法を冠する国が多い。さらに近年、「教会離れ」といった世俗化が進んでいるものの、多くのキリスト教文明圏に住む人々は、冠婚葬祭を教会で行う。またカトリックの総本山であるバチカンや、その最高権威である教皇は、カトリック教会だけではなく、プロテスタント各派を含んだキリスト教圏全体に大きな権威と精神的影響力を持っている。イスラム教圏の一部では、統治機構や法体系との分化が曖昧で、社会の隅々までイスラム教の教えが染み渡り、かつ生活の中で顕在化している国が多い。

諸説はあるものの、文明の萌芽と共に（あるいは、それ以前から）宗教はあった。その意味で、宗教は文明であるともいえる。そもそも言語を持っていることによって人は抽象的な概念の中に生きているのだから、人間の存在そのものが、本来的、本質的に宗教的な存在だといえなくもない。

もっといえば、人は「いかに生きるか」を常に求めざるを得ない宿命にある。このため、宗教、あるいは宗教的なものから完全に逃れることはできない。であるからこそ、宗教体系が社会の規範の源泉や基盤となっているのである。これはたとえば、宗教を否定した社会主義陣営のかつての盟主、旧ソビエト連邦において、ロシア正教などを弾圧しつつ、政権の側は共産主義、マルクス主義といったイデオロギーや、レーニン、スターリンといった指導者個人を絶対的な存在として神格化して、従来の宗教体系を代替していった点からも自明である。

日本人の宗教観について立ち戻ってこの点を見ると、先に述べたように、表面上、その体系は弱まっているように見える。それにもかかわらず、日本社会は高い規律と公共性、犯罪発生率の低さなどを誇っている。これは現在の他の国や文明圏と比較して一見、（良し悪しは別として）特異な社会であるように映る。なぜここまで「社会共通の規範を共有してない」日本社会で、人々は規律的に行動できるのであろうか。私は、ここに世間体という半ば宗教的なものが作用していると確信している。

つまり、たとえばキリスト教やイスラム教、あるいは、仏教やヒンズー教などを基盤とする文明圏の規範の根っこにある、それぞれの宗教文化を現在の日本において担っているのが世間体なのだ。その意味で現在の日本の国教は、語弊を恐れずにいえば「世間体教」であるともいえよう。

1・4　世間体を生み出すもの

「日本的世間体の功罪」を考えるための鍵

世間体を生み出すものは何だろうか。それは「国家・社会・文明」というレベルでも存在するが、重要なのは、それがもっと身近な集団、たとえば「地域社会・企業・学校・家庭」の中にも存在するということだ。本書を書いた動機の一つに、この「身近な世間体における支配者」の存在があまり意識されていないという点がある。私はこのことについて危惧しているが、これは「日本的世間体の功罪」を考える上での鍵になる。

「身近な世間体の支配者」の話をする前提として、国家や社会、文明レベルでの世間体を分析する視点は欠かせない。諸外国においては、キリスト教、イスラム教、仏教、ヒンズー教といった伝統的かつ宗教的な基盤を素地としながら、近代以降の個人の尊厳を中核に据える人権思想がそれに激烈な一撃を加え、程度の差こそあれ、その新旧の社会共有の精神的基盤が葛藤し、相互作用しながら世間体が形づくられていった。

たとえば欧州における専制君主体制や日本の封建時代には、「宗教的・伝統的基盤」をもとにしながら、権力者とその構造が、統治システムを整備する中で世間体の大きな構築者と発信者としての役割を担ってきた。

つまり近代以前においては、欧州であれば国の権力について専制君主に集約し、伝統的な宗教勢力とその政治権力が複雑に融合しながら、社会において世間体を構築し、流布・浸透させる役割を担ってきた。日本においても、武士の台頭以降は変遷があるものの、朝廷の権威を背景にしながら将軍が封建制度の統治者として君臨し、仏教界を権力の下、統治機構に組み込み、儒教などを取り込みながら武家政権以降の武士道などの規範を生み出していた。もちろん、それらの背景には日本の社会に染み込んだ神道などの精神的な基盤がある。

そのような前近代的なシステムが一気に変動したのが、西洋に端を発する「革命」だ。フランス革命やイギリスのピューリタン革命、アメリカの独立革命などが旧来の社会システムに大きな変容をもたらしたのはいうまでもない。その革命の激流は、西洋世界を出て世界を巡り、日本において明治維新という近代化をもたらした。

いずれにしろ近代化というのは、君主や封建領主、貴族などに集約されていた富と政治権力が広く国民に開放されていく過程を指す。国民国家の形成と歩みを共にしつつ、開放された富は産業革命を通して企業などに集約されて市場とその経済システムを発展させ、権力は議会制民主主義を通してより普遍的、民主的なものとなっていく。

そこにおいて、市場経済、あるいは議会制民主主義体制を営む国や社会で世間体を生み出すものとは、一つは国家を始めとする公共組織であり、もう一つは近代的な法体系であり企業ということになる。またヨーロッパでは、旧来の王や貴族といった絶対的な権力と結びついていた教会などの宗教勢力は、その権力構造から剥《は》がされることになるが、近代的な政治システムと対立しながらも、依然としてそれぞれの文明でのバックグラウンドとして大きな力を持ち続けている。

つまり西洋近代では、「国家・社会・文明」レベルでは、旧来の教会勢力と近代以降のシステムが相互に作用し、せめぎ合いを繰り返して社会を、そして世間体を存在させていることになる。なお現代においても、全体主義国家では専制的な権力者とそれを支持する構造が世間体を生み出している。全体主義という意味では旧ソビエト連邦のような共産主義国家も近代化の一つの発露だが、本書においてはやや傍論《ぼうろん》となるので、ここではその説明は見送ることにする。

より小さな集団の中での世間体を生み出すもの

先に私は、キリスト教やイスラム教など、それぞれの文明圏を特色づける信仰の体系を現在の日本で担っているのが世間体だと述べた。だが、こうした「国家・社会・文明」というレベルの世間体以上に大きな影響力を持ちながら、社会学や社会科学そのものにおいて看過されているのが、より小さな集団における世間体の影響だ。

ここにおける「小集団」とは、規定し得るものでいえば、先にも述べたように「企業・家庭・学校・地域社会」といったものだ。特に企業と家庭には、独特の、かつ強固な世間体が生み出されやすい（より小さな集団における世間体については第6章で再び詳しく論じたい）。

ゲゼルシャフト（Gesellschaft＝利益社会）の最たるものである企業においては、往々にして代表取締役社長や役員会が経営方針や自己の哲学に基づいて、その企業の世間体が作り出される。やはりここでも、人と人との間の関係としての世間体が生じている。もちろん、それぞれの企業によって経営者個人が絶大な影響力を持つ場合と、役員会の複数の役員が集団指導体制を行っている場合があるが、本質は変わらない。

また、企業内の部や課、係といった傘下の小集団でも世間体は存在する。そこで世間体を生み出すものは、往々にして各セクションの責任者とスタッフの面々との関係だ。それらを基本としつつ、企業全体においては、たとえば労働組合が機能していれば、労組が「労働者の権利を守る」という理念のもと、経営層の世間体に対抗することになる。だが、その労組の中にもそれぞれの世間体が存在する。労働組合もまた、一つの強固な世間体なのである。また各企業内のセクションにおいても、長とは別にベテランの社員などがいれば、長よりもそういった者が世間体を生み出す場合もあるだろう。

また、ゲマインシャフト（Gemeinschaft＝共同体社会、地縁、血縁、友情などによる情緒的な集団）の最たるものである家庭においても、同様の構造がある。家庭において規律構造を生み出すものは、一義的には両親だ。前近代の日本においては、「イエ」を統括する家父長制に基づいて家長や長男が絶対的な位置を占めていたとされ（これもステレオタイプではあるが）、特に戦後は男女同権が求められてきたことから、伝統社会的な意味での家父長制から、その構造が徐々に変容し、両親が揃っている家庭においては父と母が共同して（もしくはその一方が）、一人親であれば、その親が規律構造を作り出すこととなる。

そもそもゲマインシャフト（共同体社会）の性格を最も強く持つ家庭の中で、あまりにも世間体に重きを置きすぎると、子どもの本心がないがしろにされることになる。その場合、親の愛情が希薄な冷たい家族関係につながることになる。それは友人関係や恋愛関係においても同様だ。

規律構造たる世間体と小集団の関係を考える上で何が問題となるかといえば、小集団における世間体とは、時として一般社会の世間体とは異質なものが形成され得る、または形成されやすいという点だ。もちろん、それが健全な形で共有されている企業や家庭が大半ではあろうが、不健全な形で具体化すると、あからさまな個人の抑圧へとつながる。

極端な例でいえば、反社会的な企業において社会の倫理や刑法に反する行為を平然と経営層が傘下の社員に指示して行う（会社ぐるみでの詐欺行為など）といったことだ。多くの社員が反社会的な行為だと知りながら、生活のために経営層の指示に従わざるを得ないといったことにもなる。

また家庭でいえば、いわゆる児童虐待といった現象が現れることがある。特に子どもが小さい時にそれが行われると、その後、学校生活や社会に出るにあたって、人間関係を築く上において大きな妨げとなりかねない。さらに家庭には、企業と比べて政治や公共、法執行機関といった外部の組織がなかなか入っていけない。したがって、その問題は見過ごされやすい。

これはどちらかといえば極端な例だが、多くの個人が、社会全体における世間体以上に、日常生活において自身が身を置く小集団における世間体に影響を受けている。このことは、現代の日本社会と個人を考える上で一つの鍵となるだろう。

市場経済と世間体

規律構造である世間体を考える上で、市場経済との関係を考えることも避けて通ることはできない。近代化を経ると、世界は市場経済が浸透していくこととなる。特に20世紀に入ってからは、大規模な企業などが大きな資金力を持つようになり、そうした企業が圧倒的な供給力を持つようになる。

つまり近代とは、企業に資金が集まることよって産業技術の発展とともに大量生産が可能になった時代である。言い換えれば、前近代とは比較にならない大量の製品を市場に送り出すことができるようになったといえる。

こうした過剰ともいえる供給力を持つ企業は、製品が送り出された先で消費、そして浪費する人がいて初めて成り立つものである。なぜなら工場の建設費や機械の導入費用、製品の仕入れや人件費といったコストをかけて、それを賄う消費がなければ、いかに資金力のある企業といえども間もなく倒れることになるからだ。

市場経済は、当初はアダム・スミス的な「神の見えざる手」、つまり市場原理にのみ委ねられていたのだが、１９２９年の大恐慌に見るように市場原理の負の側面――市場の失敗――が顕在化する中で、需要を生み出すためにケインズ的な経済政策を採用することが多くなった。現在でも、自由主義や新自由主義を掲げる各国の政治勢力とせめぎ合いを繰り返しながら、各々の国家が行う公共事業などの財政政策は変遷を続けている。

一方で、こうした国の行う政策にだけ頼らずに、産業構造そのものに需要を生み出すシステム、つまりモノを欲するよう大衆に仕向けるシステムが内包されているという見方がある。これが「大衆消費社会論」である。その後に提唱されたのが、工業化社会が一定程度に達し、第三次産業が増える中で中間層が増大し、生産から消費へと社会そのものが軸足を移して消費社会が形成されるという「高度大衆消費社会論」だ。

日本も戦後において、この高度大衆消費社会が顕在化したといえる。高度経済成長期には、電化製品における「三種の神器」ともいわれた耐久消費財や自家用車が各家庭に普及し、経済が安定成長期に入るにしたがって、その消費の質はより複雑かつ高度になっていった。

企業の側は、こうした多様化する消費者の消費動向をとらえて、消費を促すためにマーケティング活動を重視するようになり、その傾向は現在の社会においてさらに強まっている。そこに登場するのが、世間体によって「ふつう」の消費を強いられる人々の生き方である。しかも、この「ふつう」には、より困難な性質がある。

そもそも高度大衆消費社会の特性の一つに、需要を促すために「少しでも他と違っているもの」「真新しいもの」を好んで消費するように仕向けるという側面がある。なぜなら、画一的な製品のみを供給していても、年単位で耐久力を有する製品を買わせる、あるいは買い替えさせることは難しいからだ。これは家電製品や自動車といったものでもそうだが、アパレルなどファッション市場などにおいては、その傾向がさらに強い。

また俗に「ステイタス」といったものも、こうした構造によって生み出されるものだともいえるだろう。ここでいうステイタスとは、たとえば良い家を購入して住む、良い時計やアクセサリーを身に着けている、良い車に乗っているといったものだ。これらは自己の欲求を満たすとともに、それとパラレルである他者との関係性において自分を位置づけるという意味も持つ。

つまり、ある意味で記号論的に自身を高度大衆消費社会の中のどこに位置しているかを目に見える形で示すことで、その背景にある自身の家計の財政状況や、自身の社会における能力を見栄として表すということになる。

これはそのまま世間体、つまり社会における規律構造の一部となる。その是非は別にして、少なくともステイタスを気にする人自身は、こうしたステイタスを具体化する（あるいはそうであると自身が信じる）消費行動を取ることで、狭い日常の社会において蔑視されずに済むと考えていることになる。つまり、その意味で人々が世間体を生み出す大きな要素となる。

そして、そんな消費生活こそが、広い意味での「ふつう」であると人々が信じている。ここに最大の難問が生じているのだ。

＊1　「日本人の宗教的意識や行動はどう変わったか～ＩＳＳＰ国際比較調査『宗教』・日本の結果から～」放送研究と調査、ＮＨＫ放送文化研究所、２０１９年４月
https://www.nhk.or.jp/bunken/research/yoron/pdf/20190401_7.pdf

第2章

世間体に押しつぶされる日本人

日本は先進主要国の中でも統計的に自殺率が高い。自殺にまで至らなくても、地域社会・企業・学校といった集団の中で、何かしらの疎外感や生きづらさを感じている人は多いだろう。この背景にあるのは、紛れもなく日本社会の規律構造、つまり強い力を持つ世間体だ。そして、それとも関連するのが、日本人が陥っている「現代的世俗主義の罠」だ。本章では、日本社会が抱える特有の閉塞感の裏にあるもの、そして個々人が「現代的世俗主義」とどう関係を築いていけばいいかを考える。

２・１　宗教の構造

日本社会に不足しているもの

家族愛にしろ恋愛にしろ、愛というのは、本質的に自身において苦難と痛みを伴うものだ。キリスト教でいう「無償の愛（アガペー）」に象徴されるように、愛とは、自分を犠牲にして相手に差し出すものだからだ。そして、愛がなければ空虚さを遠ざけることができず、個としての確立も危うくなる。単純に比較はできず、また優劣をつけられるものではないが、西洋では社会の精神的基盤としてキリスト教の教えが息づいている点は重要だ。

もちろん、キリスト教会も特に中世においては時の世俗的権力と結びつき、権力機構の都合が優先されたこともあった。また近代化の過程で革命を起こした勢力との間に軋轢《あつれき》が生まれ、それが現代に引き継がれているという側面を持っていることは否定できない。

現実の現代西洋のキリスト教社会では、差別もあるし貧困の問題もある。犯罪の発生率でも日本を上回る国も多い。でも、やはりその根底にはキリスト教文明としての基盤が厳然としてあり、世俗や高度大衆消費社会の原理が広がる中で、目指すべき生き方として根っこの部分で共有されている。

一方で日本は、その基盤は神道と仏教、そして儒教だが、そのどれも、この「愛」とは別の原理について考えてきた。東洋の宗教思想は、唯一神に発する原理を探求することよりも、人と人との間の関係性を問うことに注力してきた。

日本社会においてしばしば「和」という言葉が強調されるのは、このためである。特に神道が明文化・言語化された聖典を持つものではなく、仏教も日本においては、徳川幕府の統制もあって、主に葬儀と死後の部分を司《つかさど》るようになったため、礼節や身のこなしについては、明文化・言語化されている儒教の影響が強くなった。その結果として、世間体も儒教的な要素を多く取り込むことになったと考えられる。

したがって、特に日本が儒教を輸入して、武士道として昇華し、広く一般に浸透する過程において、社会はもちろん、家庭といったゲマインシャフト（共同体社会）的な集団においても、宗教的な内面よりも儀礼や体面を重視するようになったと見ることができるだろう。

日本社会は唯一神の絶対性よりも、人々の間の関係性による相互調整による秩序を何よりも重視してきた。それは、参加するすべての人々が互いに尊重できる社会だった。

２・２　自死と世間体

なぜ自死に至るのか

日本社会における世間体を考える時に、深刻かつ象徴的な事象として、自死（自殺）の問題がある。私は医療の専門家ではないので、その分野での詳細に言及するのは控えるが、自殺に至る人は多くの場合、うつ病や躁うつ病を発症するか、またはそれが疑われる状況にあって、最悪の結果を招くことが多い。問題は、なぜ自死に至るのかということだ。この背景に、日本社会における世間体と、それへの個人の対し方が大きく影響していると見ている。

ＷＨＯの２０１６年度の統計によれば、人口10万人中の日本の自殺率と世界における順位では、男女合計で18・５人（14位）、男性は26・０人（17位）、女性は11・４人（８位）となっている。これは経済的に比較的恵まれている先進主要国の中では、かなり高い数値だ。

自死に至る人のその裏には、その数倍にも及ぶ自殺予備軍がいることになる。これは大きな社会問題だ。もちろん、自死に至る過程には、先に述べたもの以外にも多くの要因があるだろう。また、個々の状況も異なるだろう。だが、その背景には社会全体に共通する構造、すなわち世間体の問題と深く結びついていることは間違いないのではなかろうか。

また、新型コロナウイルスによる感染拡大以後、日本国内で、若い女性の自殺が顕著に増えている点も見過ごすことはできない。日本政府の統計によれば、２０２０年10月現在、国内における女性の自殺者は前年同月比で83％も増加している。

この背景には、まず、新型コロナウイルスによる感染拡大によって経済的に困窮する女性が増えたことが挙げられるだろう。また、家族が家にいる時間が増え、従来から家庭内で起きていた情緒的な問題、たとえば精神的もしくは肉体的な虐待、それに近接する行為に女性が晒《さら》されやすいということもあるのかもしれない。

これは、女性が男性と比較して経済的に脆弱《ぜいじゃく》であること、それに関連して、家庭内で居場所を失った時に、他に居場所を見出しにくい傾向が強いとの推測も成り立つだろう。つまり、多くの女性が自分の生きる価値を見失いやすい状況にあるということだ。

フランスの社会学者デュルケームの自死に関する考察

自死の問題を探求し、かつ社会学の基礎を構築した一人に、19世紀後半から20世紀前半にかけて活躍したフランスの社会学者エミール・デュルケームがいる。

デュルケームの議論では、自死は、前近代においては集団のために自身を犠牲にする「集団本位的自殺」と、規範が強すぎるために自由が抑圧されて起こる「宿命的自殺」に類型化できるとした。一方、近代においては、集団の力が弱く、孤独が際立つことによって起こる「自己本位型」と、規範が緩むことで自己の欲望が肥大化し、その欲望と現実のギャップによって起こる「アノミー型」に類型化できるとしている。

「アノミー」とは、「神法の無視」を意味するギリシア語の“anomia”が語源であるとされ、社会学では、規範が緩くなった状態や伝統的な価値観が失われて秩序が保たれなくなった状態を指す。

このアノミー論を日本社会にそのまま当てはめられないこともないが、前述したようにデュルケームは19世紀後半から20世紀前半にかけて活動した人物なので、社会の状況や時代背景は、当然、現代とは異なる。だが、アノミー的な一面は現代の日本社会にも見出すことは可能だ。

日本は、西洋とは多くの点で異なる近代化を経験している。特にエポックメイキングな出来事は明治維新と第二次世界大戦の敗戦だが、明治期から戦後の日本において社会の基盤をなす「江戸的規範・明治的規範」が、それぞれの文明論的な転換点である明治維新と太平洋戦争の敗戦で劇的に破壊されたものの、社会の背景、あるいは人々の無意識領域には残ったままだった。

人々が「江戸的規範・明治的規範」を意識下に持ちながらも、その後、昭和の高度成長期にかけて、日本社会は高度大衆消費社会の原理が加わった「昭和的規範」に覆われることになる。そこで大きな役割を担っているのが、日本的かつ今日的な世間体の姿だ。多くの人は、生育する過程や学校、企業で活動することを通して、残存する伝統的価値観や集団における同質性への圧力、社会的ステイタスに対面しながら生きていくことを余儀なくされるようになる。ここに、デュルケームが提唱した「アノミー型」類型などを見出すことができる。

人は内的な規範や価値観の面で空虚である時、世間体の影響が個人の中で増す。それはやがて、世間体が個人を支配するようになる。そして、「あるべき」と信じる自己像と世間体との間に大きなギャップを生む。すると、自己の価値を見失い、生きる術《すべ》を失ってしまう、つまり世間体に押しつぶされることになる。これが、今日の日本の構造だと考えられるが、社会学が扱うべき「社会」はここにある。そして、この構造の中で地域社会の崩壊などによって孤独を感じる時に、死への欲求がより高まることにもなる。その意味で、日本における自殺の問題は、前近代的な要素と近代的・現代的な要素が絡み合いながら発現されているともいえる。

2・3　農村定住者・大都市定住者・移動者

流動性が高かった日本社会

これまで、社会学やそれに近接する学問においては、社会構造を明らかにしつつ、その課題を分析するために「都市部・農村部」といった各要素と、それらの対立的な関係性、つまり「〈都市〉対〈農村〉」といった軸をもとに考察を加えることが多かった。

しかし私は、それだけでは現実の社会の在り様を考える上で、大きなズレを生み出しかねないと感じている。

産業化（≒近代化）以前は、人々が日々の生活の糧を得るためにも、社会全体が大きく農業に依存せざるを得なかった。これは西欧においてはもちろん、日本の封建時代までの状況を見ても明らかだ。

日本の明治期以前は、土地の総合的生産力を「石《こく》」として定め、それによって各藩や旗本の財政を表す指標として用いていたのは周知の通りだ。この「石」あるいは「石高」は、土地の生産量、つまりどのくらいの量の米が生産できるかを表し、米を税として現物徴収していたので、そのまま財政規模を指し示すことになる。

徴収された米は、現在の大阪で、まずは西日本での共通通貨であった銀貨に変換され、そこからさらに東日本の共通通貨である金貨に両替された。このことから江戸時代は「金銀米複本位制」あるいは「米本位制」などといわれることもある。

要は、およそ徳川幕府の勢力が及ぶ地域においては、財政と金融の基盤となっていたのは紛れもなく「米」であり、その生産を担う農村に大きく依存する社会であったことを意味する。そして江戸期までにおいては、士農工商の比較的厳格な身分制度のもと、職業選択の自由の幅もごくわずかであり、かつその身分制度ゆえに、農業従事者を中心に生まれた土地に縛られることになる。

一方で、その当時の農村部においては、長男が優先的に土地の相続を受けられたが、次男や三男などは、相続を受けられないか、受けられたとしても長男に比べると往々にしてわずかであり、その場合は、生涯、土地を持たない耕作要員となるか、大都市部、つまりは江戸か大阪（大坂）などへ行って糧を得なければならなかった。大都市部に流れたそうした農民は、商工業において奉公することになる。

この層は、実はかなり分厚い。それは天保の改革において、江戸の人口を減少させ、地方の農村部の人口を確保することを目的に発令された「人返しの法」が出されるに至る、つまり社会問題になるほど江戸への人口集中が起こっていたことからも、それが推察できる。

　このことは、江戸時代においても武士以外、特に農業従事者においては、職業的あるいは居住の面で、かなりの流動性があったことを意味する。近代化によって身分制度が廃止され、職業選択の自由と居住移転の自由が一気に拡大されると、さらにその流動性はダイナミズムを纏《まと》う。

　産業化によって資金が集約され、「ヒト・モノ・カネ」が大都市部に流れ込むと同時に、農村部から都市部への労働力の移動も顕著になり、これは基本的に現在に至るまで続く。

　つまり日本社会には「農村定住者・大都市定住者・移動者」が存在することになり、かつそれは日本を含む世界各国の社会に当てはめることができる。そしてこの移動者の存在は、現在の日本社会の世間体、規律構造を考える上でも無視できないどころか、その課題を考える上でも極めて重要だといえる。

社会的に孤独な「浮動移動者」

三大都市圏である「首都圏・中京圏・近畿圏」の人口は現在、約６６００万人。この点だけを見れば、国民の半分は巨大都市圏に住み、半分はそうではない地域に住んでいることになる。

一方、総務省統計局が出している数字によれば、２０１８年の日本国内の市区町村間移動者数は５３５万９１７４人で、都道府県間移動者数は２５３万５６０１人だった。

所縁《ゆかり》のある地から文化の違う地への移動という観点からいって、都道府県間移動者だけを見ても、単純計算で25年の累積があれば、約６３５０万人が移動者ということになる。もちろん、景気動向などによって大都市部や他の生活圏に移動する人の数は変動するが、非常に大まかにいって、国内人口の約半数が移動者であるといっても過言ではないだろう。

前述したように、進学や仕事を求めて地方から大都市へと日々、人の移動が起こっていることから、三大都市圏、特に東京が移動者を大きく受け入れているということは各種のデータからも明らかだ。その観点からも、世間体を考える上で、「〈大都市〉対〈農村〉」といった対立軸は存在する。しかし、実際の構造は複雑で、社会を考察する際は注意深く見ていく必要がある。

農村は伝統的な日本の社会基盤・精神的基盤を色濃く残しているが、実は大都市部にも大都市部なりの基盤が存在する。これは市場経済の原理ともあいまって、独特の構造を形づくっている。たとえば東京圏には、放送、新聞、出版を始めとしたマスメディアやインターネット関連産業の中枢が集積し、大企業の本社も集中している。また、政治の中核を担う層や中央官庁の官僚も基盤を置いている。

あるいは明治以前の有力者や旧華族、明治維新以降に東京圏で活動してきた新政府の要人の子孫といった人々も含めて、こうした資産家や権力者、高級官僚は、エリート層として都市部、特に東京圏において彼らなりのコミュニティを築いていて、国や地域を動かす存在にもなっている。

もちろん、そうしたエリート層の中にも移動者に該当する人はいる。だが、大多数の移動者は進学してそのまま就職し、あるいは転職によって大都市部の企業の一員として働き、または自営業や音楽・芸能といった活動に従事している人々ということになる。

つまり、（自主的に、もしくはやむを得ず移動者になったかということはあるが）農村部のコミュニティから切り離され、かつ大都市部特有のエリート層のコミュニティにも参加せず（あるいは参加できず）に、身を置いている移動者がほとんどだともいえるだろう。

これを便宜的に、ここでは「浮動移動者」と定義する。浮動移動者は、農村・大都市にかかわらず、そこで基盤を築いている層からだけではなく、町内会や自治会といった地域や基礎自治体といった公共を含めた、およそ考えうるコミュニティとの関係がないか、もしくは希薄な層ということがいえるだろう。

こうした浮動移動者を対象に、たとえば新興宗教や某共産主義政党が積極的な勧誘を行い、その層が厚い大都市郊外などでその組織化を熱心に行うという風景が見られる（特に高度成長期には頻繁に見られた）。これも、浮動移動者が既存のコミュニティから遠い存在であるからだ。

コミュニティから遠いということとは、特に単身者を中心に少なくとも外形的には、社会的に孤独であるということを意味する。これは、一見すると農村部の伝統的な規律構造（つまり世間体）からも、大都市部のエリート層のコミュニティにおける規律構造からも自由であり、世間体の影響を受けない層だと見えるかもしれない。

それには一理ある。少なくとも農村部における強固な同質性への圧力や、排他主義、伝統的な「しきたり」、儒教的家族関係といったものや、大都市部のエリート層における地位や名誉、あるいは富の保全といったエリート的なステイタスを含めた規律構造からは自由だといえるだろう。

一方で、浮動移動者はより一層、高度大衆消費社会の影響を受けやすい層だともいえる。コミュニティから遠いがゆえに、浮動移動者は、往々にしてメディアの影響を受けやすい。なぜなら濃密な人間関係の集積が生み出す構造から離れている分、旧来のメディアやインターネットメディア、そして手にしたスマートフォンなどのモバイルデバイスを通して情報に直接的に晒され、それを検証するプロセスが簡略化された環境に置かれているからだ。そのことは、企業などが送り出すプロモーションやマーケティングといった商業化された情報に対する受容性が高いともいえる。

浮動移動者が立つ脆い足場

もちろん市場経済を維持する上で、コマーシャライズされた情報というのは必須のものであり、そうした情報が過剰に流布されるのは、ある面で宿命ともいえるだろう。そしてそれ自体に善悪があるものでもない。一方で、高度大衆消費社会における、そうした商業化された情報は、先に述べたように、少しでも真新しく、かつ大量生産されつつも、「他者とはやや異なる製品やサービス」という幻想を流布させることでもある。

そして企業側がその流布を企図する上で、重要視するのはベネフィットだ。ベネフィットとは、「利益・便益・恩恵」を意味するが、つまりは、「製品やサービスを使うことによって、具体的にこんな良い生活がもたらされますよ、あなたの生活や行動にこうした価値が付け加わりますよ」といった幻想を流布させるということだ。

もちろん、そのベネフィットに沿って満足感を得れば、それは一義的な幸福感につながることにもなる。だが、そのベネフィット自体があやふやで移ろいやすいものであり、かつ、実は捉えどころのないものでもある。

浮動移動者たる層は、地域社会から離れるがゆえに、住居を得る必要がある。つまり賃貸なり購入するなりして、家を確保することになるのだが、そこにも当然、商業化された情報としてのベネフィットが提供される。

大学などに進学して手ごろな賃貸物件を契約する上においてはさほどでもない（それとて、メディアが流布する「人気の街」に住もうとする傾向はある）。だが、社会に出て家族を持ち、将来に備えてマンションや戸建てなどを購入する段階になると、商業的な意味でのベネフィットは大きく作用する。たとえば、大規模なマンション群や戸建ての開発・販売に際しては、大手の不動産業者などがまとまった土地を確保し、そこに建物を建設し、販売業者がそれを売り出すことになる。

その過程で、（特に高度経済成長期が終焉した後は）行政主導の市街区の再開発以外は東京圏においてまとまった土地を見つけるのは比較的困難であり、以前であれば住居に適さない場所を大規模に開発することも散見される。

そうなると、低湿地や埋め立て地などが大規模に開発されることになり、近年でもそうして開発された場所が水害や大地震の時に被害を受けることも多い。

こうした物件を購入した住民は、水害や地震による被害によって大きく資産価値を失う危険と隣り合わせになるのだが、購入する時にそうした潜在的な危険性よりは、マンションや戸建て群の販売業者が構築した「人気の街」を受け入れて、その「夢」に生涯をかけて組んだローンなどによって金銭的対価を払う。

この場合に販売業者が流布するベネフィットは、住居の高級感やステイタス、交通の便の良さ、住みやすさといったものが多い。一方で、そうした低湿地や埋め立て地での開発は、往々にして行政が行う都市計画や防災との連携が充分になされていない。であるがゆえに、実際に住民が住み始めると、最寄りの駅のキャパシティを一気に上回って旅客輸送に支障をきたしたり（毎朝、駅に通勤通学客の長い行列ができるなど）、地域の公立小中学校のキャパシティを超えて、クラスあたりの児童生徒が過大になったり、教員の不足、あるいは災害時に大きな被害を受けるといった事態に陥ったりすることがしばしば生じる。

これはあくまで一例だが、浮動移動者が大都市部で、広くかつさまざまな局面で、こうした商業化されたベネフィットを情報として受け入れ、それに対して金銭的対価を払うことは構造として顕著であり、「良い人生のドグマ」とも結びつき、人々の生き方として体現されているといってもいいだろう。

近代がもたらした危機

これは、「より良い人生を歩む」には、そうしたベネフィットを受け入れることで自身や家族の社会的価値やステイタスを確保し、まさにそうした規律構造、つまり世間体に縛られていることに他ならない。

このことからも浮動移動者は、特に大都市部において高度大衆消費社会が生み出す、「他人とは差異があり、かつ真新しいもの」といった価値に大きく影響されながら、伝統的な基盤や哲学からも遠ざけられ、まさに生き方としても浮動しているようにも見える。

もちろん、個々人においては自身の内面を豊かにしつつ、自己実現や探求を通して普遍的な生き方を見出している人も多いだろう。だが、浮動移動者が抱える構造的危うさは確かに存在し、その「危うさ」は、近代がもたらした危機そのものである。

そもそも商業的な意味でのベネフィットが、製品やサービスを売るために構築されて流布されるもので、それそのものが非常に移ろいやすく、あやふやなものだ。そもそも浮動移動者がコミュニティから遠ざけられている「危うい」構造の上にあり、かつその上で「あやふや」なベネフィットの上に人生を歩むのであれば、それは危険なことであるといわなければならない。

にもかかわらず、人々は高度大衆消費社会がもたらす規律構造たる世間体に縛られて生きていくことになる。こうした混沌は、まるで水が重力に従ってより低地を目指すように、農村部に間断なく進撃し、そこでの伝統的コミュニティにおける旧来のドグマと激しく相互作用しながら、そこでも新たな混沌を生み出している。それが今の日本社会のある面での実態ともいえるだろう。

２・４　「現代的世俗主義」の罠

現代日本人の「理想の生き方」

現代の日本人が陥っている大きな特徴のひとつに「現代的世俗主義」があると私は考えている。「現代的世俗主義」とは、今の日本人の多くが選んでいる生き方そのものだ。その特徴は次のようにまとめることができる。

・より良い学歴を目指す。
・より良い職業に就くことを目指す。
・より良い収入を目指す。
・交友関係や恋愛関係、結婚生活の面での外面を重んじる。
・特定の宗教を持たないか、あっても信仰の意識が希薄。
・政治意識は低いか、あっても表に出さない。

・実際の人間関係においては、深くもなく浅くもない関係性を好む。
・インターネット上では比較的自由に振る舞う。
・犯罪や反社会的な活動をしないし、かかわらない。
・それらを前提としつつも、他人より少しでも優位に立つことを目指す。

これは世俗的な生活の中において、暗黙のうちに多くの人が目指す一つの「理想の生き方」である。その本質は、「安定して社会集団の中で生活したい」という意識に根差している。つまり、社会の中で無用な攻撃を受けることもなく、かつ他人から軽視されたり蔑視されないことを基盤としつつ、少しでも優位に立とうとする（その優位も、往々にしてあまり目立ったものであってはならない）生き方だ。

この現代的世俗主義については、それ自体は、社会の安定にもつながる生き方ともいえる。また、市場経済化における発展の原動力ともなり得るだろう。なぜなら現代的世俗主義を実践していれば「良き市民」であるとされ、また商業活動で他人との差異を生み出すための「良き消費者」ともなるからだ。

一方で、現代的世俗主義とは、ある意味で日本社会における世間体そのものであり、ひたすら外面を取り繕うものともいえるだろう。

そして、現代的世俗主義を意識的、もしくは無意識的に体現する人にとって、そこから外れるものは攻撃の対象となる。こうした「奇異に見られずに済み、かつ可能であれば他者よりも優位に立ちたい」というドグマは、一歩、そこから落ちこぼれれば、「落伍者」としての烙《らく》印《いん》を押されかねないとの恐怖や不安と表裏一体で成り立っている。

その潜在的な恐怖や不安の中に、いま多くの日本人は置かれているのではないだろうか。こうした現代的世俗主義を過度に追い求める人の内面は心もとない。なぜなら、ひたすら世間と照らし合わせて、「自分が他人からどう見えるか」に絶えず腐心しているからだ。だからこそ、そこから落伍したり、落伍したと自分が感じた時に、最悪の場合は、自死への誘惑へと駆られることにもつながる。

この現代的世俗主義の問題、「現代的世俗主義の罠」とも呼べるものこそ、日本社会と日本人が乗り越えなければならない、巨大かつ根源的な課題の一つだといえるだろう。

2・5　純潔主義・ケガレ・同調圧力

日本社会に残る「純潔主義」

日本社会の特徴を顕著に表す例として「再出発ができない・再出発しにくい」という点が挙げられる。労働市場でいえば、新卒偏重主義がそうだろう。一度、離職をしたり学業でドロップアウトしたりすると、そこから這い上がるのが容易ではないこともそうだ。終身雇用が崩壊しつつあり、同時に非正規労働が増えている中で実に歪《いびつ》な構造だといえる。

産業界でいえば、起業を行いにくい点も、先進国では特異な文化といえるだろう。失敗を許さない社会構造と、世間体に対して必要以上に価値を置く個人の心の在り方が相互作用した結果、このような現象へとつながっている。

こうした「失敗を許さない」日本的な価値観は、ある意味での「純潔主義」に通じる部分もある。これは主に大企業や上場企業が、新卒偏重の姿勢を未だ崩していない点にも表れている。賛否はあれど、現在では、非正規労働やフリーランスとしての働き方が広まっている。

しかし多くの日本人は、「良い大学に行き、良い企業に就職し、長く勤めて出世すること」という「良い生涯のドグマ」ともいえる幻想の中に未だにいるように見える。

実際、そうした軌道に乗ったほうが世間体的にも良いし、結婚もしやすいと信じられている。たとえば自動車や家などの高額な買い物をする時にローンが組みやすく、生涯賃金も比較して多いという現実がある。

起業の面ではどうだろう。たとえばアメリカ合衆国では、特に若い世代が起業をすることを推奨する機運が社会の中で共有され、起業で何度か失敗した人のほうがノウハウがあると見なされて、資金が集まりやすいという傾向がある。対して日本の場合は、一度、起業に失敗すると、「落伍者」としてのレッテルを貼られやすく、再起をすることには困難がつきまとう。再度、起業をしようとしても経済的な「信用」の面でも金融機関などから資金を得にくい。起業をあきらめて中途採用でどこかの企業に就職しようにも、景気動向などにもよるが、その選択の幅は狭まるのが今の日本社会の現実だ。

現代に残る〝ケガレ〟の概念

これらの背景には、私は日本的な「ケガレ（穢れ）」の概念があると考えている。このケガレの概念については、その成立の過程については諸説あるが、神道にその源泉を求めることに異論は少ないだろう。ケガレている状況とは、伝統的には「死・病・近親相姦・女性・負傷・呪術（またはそれによって呪われた状態）」などがそれにあたる。

これは前近代において、共同体内に疫病を持ち込んだり、遺伝的疾患を発生させないように、経験則と本能に基づいて発生した忌避の精神が、やがて体系化されたものだとも見ることができる。こうした共同体を防衛するための忌避の精神は、なにも日本だけではなく、たとえばイスラム世界やユダヤ教社会において豚を「不浄なもの」として食べないという習慣にも見ることが可能だ。

特に、イスラム世界における食のタブーは、宗教的な基盤として現代に受け継がれている。科学的根拠に基づいて、「調理すれば豚は食べられる」と西側世界の人間がいかにイスラム教徒に言ったところで通じない。イスラム教徒にとって豚食をしないことは宗教的な良心を守ることに直結する重要な事柄であるからだ。

日本人の一部には、こうしたイスラム世界やキリスト教世界の宗教的なタブーや信仰の在り方を「非科学的」あるいは「現代社会にそぐわない」と思う人もいるだろう。しかし、たとえば日本でも大相撲に見られるように、土俵の上には女性を上げさせないといった非科学的な「ケガレ」の概念は残っている（人間と社会が歴史と伝統の上に成り立っている以上、それ自体について善悪の価値判断はできない）。

この「ケガレ」の概念は、コロナ禍の中でその狂暴さを見せた。2020年初頭からの世界的な新型コロナウイルスの感染拡大で、特に日本では感染の第一波が広がる過程で、感染者や感染が疑われる人に対して差別的な言動が投げかけられるという事態が一部で見られた。たとえば、コロナの感染者を出した施設などにメールや電話などで暴言が投げかけられるという事案だ。これはつまり、日本において前近代のものと多くの人が考えている「ケガレ」の概念が実はまだ根強く残っていることに他ならない。こうしたコロナ禍に関連した差別に関しては、非科学的であるだけでなく、バッシングという意味で、世間体がもたらす負の部分が如実に表れているといえる。

日本社会を覆う同調圧力

アメリカの心理学者で、戦前から戦後にかけて活動したソロモン・アッシュという人物がいる。彼は、主に「同調」について研究をしており、ある時、その同調に関する実験をしている。実験では、8人の学生を会議室に集め、そのうちの1人（「真実の解答者」とする）以外は間違った解答を出すように仕組んでおくという手法が取られた。

つまり、ある課題に対して7人は、確信犯的に間違った答えを言うようになっているということだ（実験ではXという長さの線と同じ長さの線をABCの明らかに異なる長さの線から選べという課題が出され、正解はCであった）。12回、出題されて、その結果、「真実の解答者」は、実に平均36・8％の確率で誤った解答をしたという。これに対して「真実の解答者」が一人で行った場合の正答率は、常に9割以上だった。この実験の数字をそのまま見れば、人は周りにいる集団に同調して、誤った解答をする傾向があることが読み取れる。

この実験を受けて、日本のある国立大学では主に日本人と外国における同調圧力の差があるかどうかを調べるために、独自にアッシュ氏と同様の実験が実施された。その結果、「日本とそれ以外で同調圧力の傾向（比率）に有意な差はない」とする論文が出されているようだ。

もちろん、同調圧力は人類に共通して存在する。だが、日本人は同調圧力の影響を受けやすいとこれまで考えられてきた。ここで注意すべきなのは、両実験が実験室という閉じられた空間の中で行われた特定の課題に解答するものであったという点だ。現実社会における「同調」とは、実際の社会の中で、また複雑な関係性の中で発現する。したがって、日本的な同調圧力というものは、この実験の結果をもって導き出されるものではない。むしろ、実際の社会的関係性に着目して考えなければならないものだろう。

たとえば日本の学校では、クラスにおいても児童生徒の間で明確な序列が存在し、その序列上位の人物や集団が生み出す世間体（つまり権力者による世間体）に服従するか、または上手く受け流すかしなければ、その権力者から攻撃を受けることになりかねない。もちろん、そのクラスの上位集団が生み出す世間体も、担任の教師や親とその集団との関係性で複雑に変化する。その複雑な関係性の中で、大部分は無意識のうちに自分がどう振る舞うべきかを決定する。社会に出てからは、主に企業内や職場内での規律構造を内面化し、あわせて家庭や地域社会、メディアやインターネット上の規律構造を内面化した上で、どう振る舞うかを決めていることになる。

こうした、現代の複雑かつリアルタイムで相互作用する世間体と対しながら、人はいかに「同調」するか（しないか）を体現しているともいえるだろう。これを前提としつつも、日本人はなお、同調圧力に屈しやすいといえる。それは、戦前において、特定の政党が選挙を通して独裁体制を築いたのではないにもかかわらず全体主義に陥った点や、日本的なイジメの問題、そして新型コロナウイルスによる感染拡大下における「自粛警察」など、数多くの具体的事例が示している。

2・6　自分の心に核をつくる

世間体は疑ってかかれ

ここまでの記述を一度まとめると、現代の日本社会は、伝統的な価値観と明治的規範、昭和的規範、戦後的な規範、高度成長期以降の規範といった新旧の規範が絡み合いつつ、現代的世俗主義の罠に陥っている。つまり極めて複雑な規律構造の中にいるのだが、これは端的にいえば、ある意味で混沌とした外部の決まり事や世間体に自分自身が縛られているということになる。

そこで重要なのは、やはり自分の内面を豊かにしつつ、自分とは何であるのか、いかに生きていくべきかの探求をしていく、自分の心の核を形づくる作業だ。これは、言葉で示すこと以上に、何十倍も何百倍も苦難を伴う孤独な工程である。

こうした心の作業をするためには宗教的基盤が不可欠だが、この点においても日本人は、戦後、特に宗教的な行為や伝統的な宗教教派などから隔絶される傾向にあり（一方で反社会的なカルトがはびこり）、自分の核をつくる作業をいかに行うかについて非常に難しい状況にある。

だが、その状況を打破することは可能だ。日本人は、日本的な「ケガレの精神」や「純潔主義」が、たとえば現実の政治経済や企業活動、一人の人間の世俗における生活の中に染み込んでいることをまず認識すべきだと私は考えている。それを認識しさえすれば、個人がそこから離れた冷静な視点を持つことができる。たとえば就職活動に失敗して「良い生涯のドグマ」から外れたように感じたとしても、視点を変えてみることが大事である。人は多くの場合、世間体をどこか絶対的なものだと感じる特性がある。

実際、日本人は他人を少し裁きすぎるところがあるのではないだろうか。だが、その世間体とは、そもそも本当に存在するものなのか、もしかしたら自分の心の中にだけあるのではと疑うことも、時には必要だろう。

しかし、もし生きづらいと感じているなら、それを強いる世間体は、実は「重厚な仮面をかぶった軽薄な世間体」なのかもしれないと考えてみることが必要だ。言い換えれば、「世間体とは実は根拠の薄いものだ」と時には意識してみるのだ。そうして、価値を外部ではなく自分自身に置くことで、次へつながる活路を見出すことにもなる。

社会科学が見落としてきたこと

近代以降から現在に至るまで、社会科学は個人の責任を置き去りにしてきたと、私は思うことが多い。マルクス・レーニン主義、あるいはそこに立脚して国家を形成したソ連や東側諸国、現在も残存する極左勢力は特に顕著だが、ある絶対的な構造があって、その構造にすべてを当てはめて考える傾向が強い。つまり、動かざる巨大な構造があって、そこが諸悪の根源であり、個人はその構造の中にあるので、個人に責任はないという錯誤に陥ってきたのではないだろうか。

それはマルクス主義でいえば、「上部構造・下部構造」であり、そこから導き出される「資本家階級と労働者階級の対立」といったものだ。ソ連が崩壊し、中華人民共和国が共産党の事実上の一党独裁のもとで開発独裁にも近い、ある意味での市場経済化をし、また北朝鮮が世襲の封建的な独裁国家になる中で、もともとのマルクス主義がすでに色あせているのは多くの人が感じていることだろう。だが、こうした構造をもとにすべてを当てはめて考えるのは、何も伝統的左派だけに限ったことではない。

世間体と規律構造を考える時に、構造は確かに存在する。しかし、その構造とは、より流動的なものであり、個人や組織、社会との間で絶えずダイナミックに相互作用をしているものなのだ。こうした捉え方をしないと、日々変化し、デジタル化が進み、その変化も速度を増す中で、現実の生々しい社会の在り様を科学的に分析することはより困難になるだろう。

そして、個人が抱える問題や、そもそも個人がいかにして存立し、尊厳を持ちつつ生きていくかという根源的課題に対して、社会科学や社会学は、その本来の力を示していくこともまた難しくなっていくに違いない。

第3章

日本社会の「不協和音」

この章では、日本が経験した二度の大きな社会変化に焦点を当て、その変動がなぜ劇的であったのか、かつ、それが現在までの日本社会に与えた影響、同時に日本の世間体と規律構造に与えた影響について考えたい。また、その結果として、現在に至る社会の混迷がいかにして生み出されたのか、その「混迷の正体」について考察する。

3・1　日本人の精神的基盤

根は神道

日本社会と世間体、そして文明的断絶を考える上で、そもそも日本人の精神的基盤について踏まえなければならない。本書の文脈でいえば、明治維新前の幕藩体制に至るまで、数千年の我が国の歴史の中で脈々と、かつその時々の人々の暮らしや歴史的な出来事の集積として成り立ってきたものだ。

その日本人の精神的基盤とは何だろうか。その根幹は、神道、つまりシャーマニズムとアニミズムの融合したもの、そして仏教、儒教などが複雑に絡み合って形成され、主に農村的で比較的均質な集団の中でそれが醸成されたものだと考えている。

神道とは、より具体的にいえば『古事記』『日本書紀』に示される神話の時代、もっといえばそういった神話に示される文字がなかった頃に人々の暮らしの中に萌芽し、山奥の川辺の岩に生息する苔《こけ》のように、湿潤かつ淑《しと》やかな日本の風土の中で育まれ、稲作を営む農村的な共同体で息づきながら現在に至るまで受け継がれてきているものだ。神道は、清浄な人間の生き方を何よりも尊重しようとする。

そしてシャーマニズムとは、超自然的な存在である精霊や死霊の存在を信じ、それらこの世のものではない超越的な存在と人とを祈祷師が交信することによってつなぐ信仰の体系を指す。またアニミズムとは、この世の万物それぞれに霊魂や精霊が宿っていると信じる体系のことを意味する。神道における「八百万《やおよろず》の神」に、まさにそれを見出すことができる。

そもそも「シャーマニズム」と「アニミズム」、それら自体が近代以降に学問上のカテゴライズから生まれた言葉で、元来、それらは明確に規定しきれるものではない。実際のところ神道は、このシャーマニズムとアニミズムの要素が有機的に結びついたものととらえることができるだろう。そして神道は歴史的に「天皇」とともにあったこともまた、いうまでもない。

仏教の伝来

　いかにも日本的であり、古代の日本を体現するともいえる神道文明の基盤に変化が訪れる。仏教の伝来だ。仏教（大乗仏教）が日本に来たのは５３８年とも５５２年ともいわれているが、渡来人がもたらしたとされる仏教は、当時の日本国内で、それを積極的に受け入れる蘇我氏らの勢力と、それに拒否反応を示す物部氏や中臣氏の勢力とに二分されたとされる（この点については近年、新たな発見もあり、より複雑な過程を経て仏教が当時の支配階層に受け入れられた可能性があることも承知している）。

　いずれにしろ、初めに上位の支配層の一部に輸入された仏教だったが、本格的に庶民を含めた日本の各階層に浸透していくのは中世以降だった。鎌倉時代には新たな宗派も多く生まれ、それらが熱心に民衆化をはかることで社会の中に広がっていった。

　また同時に鎌倉幕府の成立に象徴されるように武士が台頭し、その武士も熱心に、当時新たに中国大陸からもたらされた禅仏教（臨済宗や曹洞宗）信仰の体系を摂取し、それらの寺院が建てられたことで新たな広がりを見せることとなる。戦国時代や安土桃山時代を経て徳川家による幕藩体制が成立すると、徳川幕府は仏教を統制し始める。その過程で行われた寺請制度によって、基本的に誰もが、いずこかの寺の檀家として登録することを強制された。

こうすることで、実質的に日本での仏教における各宗派が布教活動をすることを封じたのだが、およそ幕府の勢力が及ぶ地域に関しては、皆が先祖や自分の家、もっといえば自分が将来入るべき墓が寺の中に置かれることとなった。この結果、日本人の死と死後の世界を仏教や仏教界が大きく担うこととなり、日本人の死生観に極めて大きな影響を与えることとなった。

支配階層に影響を与えた儒教

神道や仏教と並んで、日本人の精神的基盤となるものの要素の一つとして軽視できないのは儒教だ。儒教はいうまでもなく孔子の教えを体系化したものだが、日本においては主に学問として5世紀に伝来したとされている。儒教の中の朱子学は武士道の成立にも大きな影響を与え、特に江戸時代における幕藩体制とそれを構成する実質的な支配階層である武士階級の倫理観や道徳観の形成に寄与した。

支配階層のモラルや哲学というのは一義的には、その階層だけに共有されるものだが、長きにわたる徳川政権のもとで広く社会全体にも影響が広がった。それを示すものとして、たとえば年賀状の習慣がある。これは儒教文化圏と重なる東アジア地域での特有の儀礼である。さらに先輩・後輩の関係や、教える立場の人を「先生」と呼ぶこともそうだ。儒教が特に礼節を説く体系であることからも、それが日本人の儀礼を重んじる傾向に少なからず影響を与えているのは確かだろう。

また儒教の中の朱子学を背景とする武士道については、明治維新を経て新たに価値を見出す動きがあった。明治維新で政治経済や文化面、そして産業の面で西欧化が進められる一方で、キリスト教文化圏におけるその信仰の体系に匹敵するものを日本の文明の中にも見出そうとする動きがあった。その過程で、新渡戸稲造の『武士道』が記され、経営者のあるべき姿として「士魂商才」といった武士道精神をもととする倫理観も生まれた。

その後、１９３０年代に軍国主義が強まる中で、軍人のあるべき姿として武士道精神が掲げられることにもなった。私はこの明治維新後の武士道は、それ以前の武士道とは別物だと考えている。伝統的な武士道のレトリックを使用してはいるものの、明治維新によって士農工商といった階層制がなくなり、武士道がいわば大衆化されて広く共有されていく中で、大きく再構成されたというのが実態に近いのではないだろうか。

「武士道」の再構築

明治維新においては王政復古、つまり古代化による国家神道の成立など国を挙げての神道の「国教」化が行われ、仏教界は一時的にせよ抑圧されることになった。それによって民衆レベルでは幕藩体制下での神仏習合の信仰の体系が変容し、また産業化という新たな社会変化の中での倫理観が求められた。

この神道化、あるいは神道の独占化ともいえる動きは、一つ問題があった。神道は先に述べたようにシャーマニズムとアニミズムという、良い悪いは別にして信仰体系における原始的な部分を今に伝える宗教であり、キリスト教のような普遍的な原理ではなく、人々の間の関係性により多くの関心を抱く宗教なのである。

近代化されたシステムの中での倫理観や道徳観、もっといえば「いかに生きるべきか・いかに死ぬべきか」を明確な言葉をもって指し示し、かつ探求し、それらを共有する体系が急遽求められることとなったのだ。そこで持ち出されたのが「武士道」だった。この武士道そのものは、先述したように、源泉として、その多くの部分を儒教に求めることができる。そしてその儒教的な倫理観をベースにしながら、古来の神道的なものと日本の仏教的な要素が複雑に融合したものが武士道であり、とりわけ明治以降の「武士道」ともいえるだろう。

武士道については、日本の中世から近代に至るまで社会における倫理観と世間体という意味でも大きな影響を与えてきたので、これだけでも一考に値する深みを持っている。いずれにしろこの武士道は、先に述べたように産業界では経営者のあるべき姿である「士魂商才」として、また軍国主義の高まりの中で軍人のあるべき姿として掲げられ、戦前戦中の日本において国家神道と融合しつつ急造された精神的基盤となった。

特に戦中においては、徴兵によって多くの人が戦地に赴き、また銃後を守る妻や子、親や地域社会にも共有され、国民的な理念となった。

さらに、この体系も太平洋戦争の敗戦で大きな衝撃を受けることとなる。国家神道や武士道を掲げた陸海軍は解体され、それまで命を賭して打ち破るべき宿敵のアメリカによる敗戦と進駐を受け、その主導のもと平和憲法たる日本国憲法を制定し、その後は今に至るまで、アメリカは日本の唯一の同盟国となっている。

これらを俯瞰してみると、日本人の精神的基盤とは、明治維新前までは神仏の習合を基本としつつ、儒教的な倫理観が複雑に絡み合ったものだといえる。人と人との間の「和」を強調する思考。唯一絶対性ではなく、あくまで相対性の中で考える価値観。そして今も、この精神的基盤は私たち日本人の中に脈々と息づいている。

だが、この基盤も二度の文明的断絶によって大きな衝撃を受け、ある意味では壊れているともいえる。その後は高度成長やインターネットの普及といった社会的変容の中でこの基盤は激しく揺らぎ、多くの部分で人々の心の中により潜在化することとなった。

しかし、ただ潜在化しているだけでなく、こうした変遷を意識することなく、古代と近代、神道的なもの仏教的なもの武士道的なもの、戦前的なもの戦後的なもの、そして現代的なもの、それらが複雑に絡み合って白濁としたうねりとなって日本人の中に根づいている。そして、各人はこの白濁としたうねりが何であるのか分からないまま、それに飲み込まれながら生きているというのが実態に近いのではないだろうか。

３・２　文明の断絶

短期間での二度の経験

現在の日本社会と世間体の関係を読み解く上で、過去を振り返ることは避けては通れない。特に今の日本を文明的な観点から考える際に、比較的近い過去の出来事から課題を浮き彫りにすることは、必須の工程ともなる。

現在の日本社会の状態とその背景にあるもの、世間体を取り巻く課題を考える際に、その鍵となるものの一つとなるのは「文明的断絶」だ。ここでいう「文明的断絶」とは、その文明や社会が長らく育んできた独自の構造、たとえば文化や政治システムや信仰の体系、あるいは伝統とか習俗といったもの、そしてそれらが複雑に折り重なったものが、短い期間、もしくは一瞬ともいえる時間軸で劇的に変化し、その結果として大きな社会的変動が発生することを指す。

そしてその変化に伴い、多くの場合、社会の広範囲にわたって破壊と再構築を余儀なくされることとなる。一つの社会において文明的な断絶が起こり得るきっかけはいくつかあるが、たとえば革命や他国による侵略、絶対的権力者の交代、文明そのものの滅亡などがそれにあたる。

日本は近い過去にその文明的断絶を少なくとも二度経験している。ひとつは明治維新であり、もうひとつは太平洋戦争の敗戦だ。この二度の文明的断絶は、国や社会が長い時間軸の中で形成される伝統や文化的な継承によって安定を保ち得るという観点からすれば、突然ともいえる期間で根底から社会の体系が破壊と再構築を経験したことになり、その影響は極めて大きい。

この二度の文明的な断絶は、その規模と変動の短さといった点からいえば、まさに松に竹を接《つ》ぎ木する、あるいは虎の体にライオンの頭を据えるような、つまり異なる遺伝子を強引に融合するような、免疫系の拒絶反応に見舞われながらも、なんとか一つの個体として保とうとするような激しい出来事であった。

この二度の文明的断絶を見る時に、私は深く想うことがある。国や社会を一人の人間に見立てた場合、短い間に二度も信じてきた体系が根底から覆されて何の影響も受けない人はいるだろうかということだ。

特に成長段階にある若い人物ならなおさらだ。もちろん、今日1億2000万人が暮らす社会をたやすく一括りにできるものではない。だが、その文明が見せる特性や傾向というものは、規律や規範という意味でも、なにより世間体とそれに対面する国民や民族の傾向という意味でも自ずと導き出されるものだ。

特に、いくつかの民族が存在しながらも結果として、ほぼ共通の文化的背景を共有する我が国の歴史と今現在の有り様からすれば、それはなおさらのことである。

その上で私は、今の日本社会を俯瞰する時に、心が大きく傷付きながらも、そのトラウマゆえに世間体の中で「良い自分」を演じるべく真面目にひたむきに生き続け疲弊している、そんな人物像に重ねて、何ともいえない気持ちになる時がある。ここでは、社会に大きな転換をもたらした、日本における二度の文明的断絶を振り返っておきたい。

明治維新——ドラスティックな変化

まず明治維新については、日本の長い歴史の中でも、その前後での社会変動の大きさと近代化が起こったという意味で特に際立った出来事だが、ここでは今の日本社会の課題を考える基礎として要点を絞って見ていく。

　明治維新はいうまでもなく、徳川家によるものだけでも約２６０年続いた幕藩体制が崩壊し、明治政府の成立によって政府主導で劇的な近代化や西欧化が進んだ一連の社会的な変動のことを指す。アジア（というか西洋以外で）初の憲法となる大日本帝国憲法を施行し、その憲法によって、まがりなりにも議会制民主主義を導入した。また「富国強兵・殖産興業」の合言葉の下で産業化が進み、たとえば、それまでの伝統や政治システムに基づいた髷《まげ》を廃止し、衣服もさまざまな階層の人が西洋風のものを身に纏うという目に見える部分でも劇的な変化が起こった。

　つまり、法制度、政治制度、経済・金融、文化、習俗といった社会のあらゆる局面で、短期間に「ドラスティック」という言葉ですら言い表せないような大きな変容が一気に起こったことになる。黒船来航が１８５３年で、明治憲法の施行が１８８９年なので、この期間だけをとっても実に36年の間に一連の変容がなされたわけだ。これは数千年という一国の歴史の長さを考えても、やはり一瞬の出来事だったといえる。

　明治維新は先述した通り、法体系、産業基盤、衣服や頭髪スタイルなどの習俗、政治システムなどは主に欧州を手本として、それらを受け入れるプロセスでもあった。たとえば大日本帝国憲法については当時のドイツ憲法を手本とし、刑法・民法の整備にあたっては、近代発祥の地のひとつであるフランス法の影響を強く受けている。

医療技術についてはドイツのそれを手本とし、最近はほとんど見られなくなったが、ある時期まで日本の多くの医師が診察の際にドイツ語でカルテの内容を記述することにも、その名残りを見ることができる。

２０１４年に世界遺産に登録された富岡製糸場は、フランスの技術を導入して建設されたものだ。鉄道についても、その発祥の地であるイギリス駐日公使ハリー・パークスなどの提言なども背景にあり、同国の技術者を招聘して技術を導入し、１８７２年に新橋駅・横浜駅間で初の鉄道の開業を成し遂げた。これは、その後の線路製造と敷設や蒸気機関車の国産化といった鉄道体系の自国化へとつながることになる。

こうして日本は社会のあらゆる面でヨーロッパやアメリカを手本とし、時には技術者や専門家を招いてその技術や知識を取り入れ、自分たちのものとしていった。ここに先人たちの情熱と並々ならぬ労苦を感じずにはいられない。まさに、近代日本を形づくった官民挙げての大事業だった。

こうした明治期における日本の近代化は、欧州の列強に対抗するためには他に選択肢がなかったが、その反面、当然にして政治システムや産業基盤、衣服などを西洋風にしたところで、日本が西洋そのものになるはずはない。なぜなら、社会を構成するのは他ならぬ日本人だからだ。

これは、従来の日本人の精神的あるいは社会的基盤との間で軋轢《あつれき》を生み出し、日本社会に深く、その痕を残した。そしてこの軋轢は、現在の日本社会の世間体を形づくる上でも、多くの人が考える以上に大きな影響を与えた。

また明治維新については、こうした近代化・産業化の他にもう一つ大きな要素がある。それは「王政復古」だ。つまりそれまでの幕藩体制が廃止され、日本が再び天皇中心の体制となったことになる。これは、法や政治経済や産業、文化の面では、「近代化・西欧化」しつつ、国家の根幹となる部分では逆に古代の律令制に回帰しようとするという政策だった。これこそが、「明治」の多面性をまさに象徴していた。

敗戦――180度の転換

もう一つの文明的断絶である太平洋戦争の敗戦は、歴史的な出来事であるのと同時に、自身の経験の中で生々しく記憶しているという方々も、わずかではあるが残っている。これも主要な点を絞って見ていこう。

１９４１年に「大東亜戦争」が閣議決定され、１９４５年８月14日の「終戦の詔書」の発出、「ポツダム宣言」の受諾によって敗戦が確定し、ＧＨＱによる進駐を経て１９５１年９月８日にサンフランシスコ講和条約が署名されるまでの期間を見ても、わずか10年間の出来事だ。

日本だけでも、それは３００万人以上にものぼる軍人・軍属と民間人の方々が犠牲となった出来事であった。これによって、明治維新以来の大日本帝国憲法のもとに築かれてきた体系は一気に崩壊した。

戦勝国であり、激しく戦ったアメリカの主導によって日本国憲法が制定・公布され、いわゆる「象徴天皇制」となり、１９３０年代の社会主義の影響を強く受けた占領軍の人々によって財閥の解体や農地改革、教育改革などが行われ、政治・行政システムや法制度、経済システムや文化の面といった天皇や内閣制度以外の部分では、ある意味で「アメリカ化」ともいえるような社会的変容が起こったことになる。

その後、中華人民共和国の成立や朝鮮戦争の勃発、米ソ冷戦の激化によって、日本はアメリカの世界戦略に組み込まれ、それは１９６０年の日米安保条約の締結によって、より顕在化する。今やアメリカは我が国唯一の軍事同盟国であり、外交、防衛、経済、文化などを見ても無二ともいえる盟友関係にあるのはいうまでもない。

敗戦前の王政復古から、国主導の国家神道の導入、政党政治の崩壊に象徴される全体主義化と軍国主義化、「鬼畜米英」のプロパガンダに表される西洋列強への劣等感の裏返しとしての激しい敵愾《てきがい》心と、それをもとに多くの人々が命を投げ出す覚悟で挑んだ戦争の遂行。これらの価値観が一気に崩壊し、国民が総じてその転換を迫られたという意味で、敗戦は日本の歴史の中でも明治維新と並んで日本社会における極めて大きな転換点だった。

日本社会の「アメリカ化」

この転換点は、文明的断絶とパラレルに日本社会に「アメリカ化」をもたらした。日本国憲法が当時のアメリカにおける左派によって制定が主導されたのは周知のことだが、文化はもちろん、経済や産業構造の面でも大きくアメリカの文明的影響を受けることとなった。

これは、それ以前の日本的集団主義とは真逆ともいえるもので、日本の伝統的精神構造を考える上でも大きく、かつ新たな軋轢をもたらした。

ＧＨＱが占領時代に行った日本の政治・経済対策、産業構造改革、民主化や教育改革といった各種の施策は「アメリカ化」の顕著な例だが、現代でも同様の構造を見ることができる。それは１９９０年代からアメリカより日本に提示された「年次改革要望書」だ。年次改革要望書とは、１９９３年に当時の両国の首脳である宮沢総理とクリントン大統領の会談で合意したとされる、日米両国が要望書を交換する形式だ。国として政策を実行することを要望するもので、アメリカから日本への要望は、「通信・医療・金融・法律」など多岐にわたっていた。

日本からアメリカへの要望で実現されたものは基本的にないにもかかわらず、アメリカから日本への要望で実現したものとしては、郵政民営化や裁判員制度、法科大学院の設置や著作権の強化、労働者派遣法の規制緩和など多くのものがあり、「アメリカによる日本の改造なのでは」といった文脈で語られることもある。

この年次改革要望書は民主党の鳩山政権下で廃止されたが、それ以前から貿易面での外交交渉や首脳間の会談などを通して、アメリカの要望が日本に伝えられ、それが往々にして実行されてきた。

これは日本が対米戦争の敗戦国であり、終戦後に間もなく公布した日本国憲法が結果として専守防衛に防衛政策を限定されていることと無関係ではない。安全保障上の半ば運命共同体として日米関係を維持していかなければならないという現実からしても、ある意味での力関係として生み出されているものであるのは自明のことだろう。

特にアメリカが共和党政権である時は、その支持基盤には同国の大企業における経営層も多く含まれるため、主に通商面での要望が日本に高い圧力のもと突き付けられ、それが日本の産業構造などに言及されることもある。

日本の産業システムや企業の体質について、たとえばアメリカの政府や産業界、各企業や個人から「異質」だと指摘されることは多かったが、今でもそう指摘されることはたびたびある。国が違えば産業システムや企業文化が違うのは当たり前のことで、それを異質だと指摘されたところで、それがそのまま、その国の経済活動の優劣を意味するものではないのもまた当然のことだ。

一方で、その「異質さ」をもたらす根源を探る時に、日本の伝統的な基盤と明治維新以降の社会、そして戦後、あるいは高度経済成長の以前と以後のそれぞれの理念、そして個々人が置かれている状況によって演じる役割、それらの規範が複雑に絡み合い、互いに調和をもたらすどころか、耐え難い不協和音を発していると感じることが多い。

それは近代化によってもたらされた高度大衆社会がアメリカ化によって高度大衆消費社会としての性格を強め、日本における重層的な軋轢とともに、世間体の面でもよりその混沌とした状況が進み、その不協和音ともいえる音色と音圧はさらに増しているように見える。

いってみれば、江戸期までの精神的基盤を明治維新によって上塗りされ、その後の全体主義化や敗戦、日本の再独立や高度経済成長、オイルショックやバブル経済とその崩壊などの歴史的な転換点を通して、何度も何度もさらなる文明的な上塗りをされているようなものかもしれない。

それは工業製品を造る時に鉄板にペンキを幾重にも重ね塗りするような単純なものではなく、原生林において数千年生き抜いてきた杉の巨木が、ある時に神格化され、そしてそれが近代化によって幹が鉄板で覆われ、その時々で気ままに何度も色を上塗りされ、また鉄板を剥がされては新たに別の造形を施されるような、複雑かつ混沌としたものだ。特に戦後はそのサイクルも非常に早いものだったともいえるだろう。この軋轢は世間体の混沌にそのまま反映され、その混沌は今も続いている。

3・3　戦後日本の社会構造

「戦後家族モデル」と「企業・就労モデル」

終戦によってＧＨＱによる財閥の解体や農地改革、労働組合活動の解禁などが行われたが、日本は、戦争によって国内インフラが徹底的に破壊された。また、中国大陸や南方からの大量の引き揚げ者がいて、物資も不足する状況で通貨を過剰に供給したために激しいインフレが発生した。

これに対応する形で政府による預金封鎖を含む「経済緊急対策」などが実施され、ドッジライン（戦後占領期の１９４９年に、日本経済の自立と安定とのために実施された財政金融引き締め政策）の実施もあって徐々に日本経済と金融は安定していく。間もなくして朝鮮戦争が勃発し、日本がアメリカの軍需関連品の生産・整備の拠点となる中で特需景気へとつながった。また国策としての「傾斜生産方式」や「護送船団方式」が奏功したこともあって、その後の「神武景気」「岩戸景気」「オリンピック景気」「いざなぎ景気」と呼ばれた好景気と、その間の不況を繰り返す約20年間の間に日本の経済は拡大し、世界における地位を押し上げた。

高度経済成長期は、夢と希望にあふれていた。その成功により日本は太平洋戦争の敗戦の傷を乗り越え、先進国の仲間入りを果たすことになる。この20年間を日本における高度経済成長期とするのだが、この間に今につながる戦後日本の社会構造の多くの部分が形づくられた。

一つは「戦後家族モデル」といったいわれ方もされる家族の在り方で、もう一つは終身雇用制度に代表される「企業・就労モデル」だ。「戦後家族モデル」とは、経済が安定して高度成長を続け、日本の多くの企業も収益を増やしつつ、高まる市場の需要に対応するために組織も拡大させ、雇用も安定する中で生み出された「父親は会社で働き、母親は家庭に入って家事をし、子どもを育てる」といった在り方だ。

これはジェンダー論などが台頭する過程においては、攻撃の対象ともなってきたモデルだが、良い悪いは別にして、日本の儒教的文化の影響もそこに見ることもできる。同時に、日本の多くの企業が終身雇用制を前提とした人事システムを採用していたからこそ成り立つものだともいえる。

事実、日本経済が安定成長期（低成長期）に入り、オイルショックやバブル景気崩壊後の

「失われた20年」を始めとする数度の不況や経済的停滞を経験する中で、非正規雇用の増大や終身雇用の縮減によって雇用は不安定化し、この「戦後家族モデル」は、一定程度経済的に恵まれた家庭でしか、主にその経済原理によって体現できなくなってきている。

つまり結婚するにしても、夫婦共働きでないと将来設計が描けない家庭が増え、子どもを育てる上においては余計にそうせざるを得ない状況にあるということだ。これは、ひとつの神話の終焉を意味するともいえる。

現代社会に息づく「神話」

また日本経済が低成長期に入る中で、たとえば「一億総中流」といった言葉に代表される「中間所得層に支えられた安定した社会」という幻想も崩れつつあるように見える。また顕在的な事象としては、バブル景気が崩壊することで「土地神話」も崩壊した。

土地神話については、それまで俗に「土地本位制」ともいわれたように、「土地の価格は値下がりしない」という神話のもと、土地の価値を担保に金融機関が企業や個人に融資を行ってきたにもかかわらず、バブル景気の崩壊と政府の「総量規制」によって大都市部の商業エリアを中心に大きく土地の価格が値下がりするなど、目に見えてその神話は崩壊した。

土地神話のように明らかに崩壊したものもあるが、高度成長期において生み出された多くの神話は、現在の社会でもまだ息づいている。むしろこの高度経済成長期に突き固められた官僚機構や国・地方といった公共、市場、企業、そして家庭のシステムは、社会の根幹として岩盤のように存在している。それが、低成長経済やグローバル化といった市場の動向や外部的要因によって変容を迫られているというのが今の日本社会の実態だろう。

事実、低成長によって大企業は雇用を吸収しきれなくなっている。また世界的な市場動向に対応するために、日本はベンチャーなど起業を促進すべきだが、それを支える資金的根拠を握るのは、未だに伝統的な金融機関となっている。その融資の基準も極めて厳しいため、日本で起業して成功させるのは至難の業だ。これは日本発のユニコーン企業（評価額が10億ドル以上〈約１１００億円〉、設立10年以内の非上場のベンチャー企業を指す）が他の先進国に比べて少ないことにも表れている。

そもそも銀行そのものが、高度成長期に最適化された「世間体」に縛られている状態ともいえるだろう（もちろんメガバンクを始めとして地方銀行や信用金庫に至るまで、金融機関の間の競争は激しく、より成長性のある事業体に融資し、その果実をいかに得るかにしのぎを削らなければならないのかは分かる)。

また金融機関の所轄官庁である金融庁も、こうした変化に適応できずに従来の「世間体」に縛られているように見える。こうした問題は、なにも金融庁に留まらず、日本の官僚機構全体に蔓延していることだろう。なにより官僚機構を統括すべき政治も、社会の変化に対応できず、この高度経済成長期に最適化された構造からなかなか抜け出せないでいるのではないだろうか。

つまり企業活動や組織としての企業、そしてそこで働く個人と、個人が形づくる「家族」が、新旧の「世間体」の中で混沌としており、そうした組織にしろ、家族や個人にしろ、自らのイメージが揺らいでいる状況ともいえる。

「失敗を恐れる心」が生み出した〝失われた20年〟

また「失われた20年」でいえば、そこに官僚機構や企業、そして個人に至るまで、過度に「失敗を恐れる」という、まさに世間体がもたらす日本社会の特性が表れているように思える。

「失われた20年」とは、日本において当時の大蔵省（後の財務省）によって土地取引への総量規制が行われ、それに端を発してバブル景気が崩壊した１９９０年代初めから、２０１０年代初めまでの経済の停滞を指すことが多い。

その停滞の主な原因は、財務省と日銀による度を超したデフレ政策にある。１９９０年代から、世界各国ではマネーサプライは上昇傾向にあったが、日本の金融当局は、長きにわたって逆に国内の通貨供給を絞り続けて円高をもたらし、貿易面でのマイナスの影響や、企業の生産拠点が海外へ流出することに拍車をかけた。これは、市場に過剰な資金があふれ、結果として日経平均でも４万円台を記録し、土地神話のもとで不動産価格が高騰し続け、土地の過剰な投機が横行するなど、日本社会全体で狂乱ともいえる状況を生み出したバブル景気に対する逆方向への過剰反応と見ることもできる。

つまり財務省にはバブル期の金融政策のトラウマがあり、そのトラウマからバブル期とは真逆の政策を取り続けたとも見ることができる。これは、組織としての「失敗」への反応ともいえる。過剰な資金供給が仇《あだ》となってバブル景気が生まれたが、その失敗を恐れて、かなり度を超えて資金供給を絞り続けた結果、人類史上でも稀な度合いで政策的なデフレ状態が発生し、それが20年もの長きにわたることとなった。

その間に政治も自民党政権と民主党政権を経験したが、一貫して財務省と日銀のデフレ政策が続き、日経平均も７０００円台にまで下落した時期もあった。国の経済政策は、財政政策と金融政策が両輪となるが、財政政策は公共事業など予算をどこに投下するかが柱となり、金融政策は文字通り、信用創造のもとで市中にいかに資金を供給するかが柱になる。

実は「失われた20年」の間に前者の財政政策は、かなりの額が予算計上され、実際に投下されてきた。しかし、金融政策がデフレに激しく舵《かじ》を切っていたために、その効果は極めて限定的だった。

日本経済を病に臥《ふ》せっている人間に置き換えると、こうした処置は、全身の血液が滞って頭が朦朧《もうろう》とし、胃腸を始め体全体が弱っているのに豪華な食事を無理やり食べさせようとするようなものだった。そんなことをしても、そもそも食事を充分に摂れず、消化も満足にできないのに、病が治るはずもない。

それでも失敗を恐れるがあまり、当時の日本の金融当局は頑なにこのデフレ政策を取り続けた。それは第二次安倍政権が誕生し、いわゆるアベノミクス政策が掲げられ、日銀の総裁が交代することで、政府と協調して大規模な金融緩和に転じるまで続いた。

こうした「失敗への恐れ」は、なにも財務省や日銀だけのものではない。日本の官民すべての組織に当てはまり、ビジネスの起業で失敗をした者への世間の冷たい目や、受験や就職活動への失敗への恐れといった、ゲゼルシャフト、ゲマインシャフトの双方、そして個人においても染みついた、世間体が生み出すひとつの悪癖の顕れともいえるだろう。

第4章

コロナ禍と世間体

２０１９年、世界はパンデミックに見舞われた。新型コロナウイルスによる感染症であるＣＯＶＩＤ‐19が地球規模で広がり、多くの感染者や犠牲者を生み出した。その惨禍は執筆時点でも、まだ収束の兆しを見せていない。本章では、新型コロナウイルスによる感染拡大と世間体の問題について考えていきたい。

４・１　コロナ禍で起きた負の構造

緊急事態宣言と国民の反応

新型コロナウイルス感染症と、その感染拡大に対する政府の対応と社会の反応を考える際に極めて日本的だったのが、２０２０年４月７日から政府によって出された「緊急事態宣言」の在り方だ。当該「緊急事態宣言」の根拠となった法律は、もととなる新型インフルエンザ対策のために制定された特別措置法を改正することによって整備された。

同宣言では、外出や休業、出勤の抑制、休校などについて、すべて「要請」によって求めた。罰則があるのは、医療や防疫に関する特定の物資を隠蔽したり、特定物資の保管場所への立ち入り検査を拒否した時など、かなり限定された項目に限られていた。

これには国民主権を掲げる戦後体制の中で、国民の権利制限に非常に抑制的に対応するという政府の姿勢が垣間見える。国民の生命身体を守るという防疫の観点との考量からギリギリのものであったと推測でき、その姿勢は民主主義国家の政府の在り方として一定の評価ができるものだった。

この緊急事態宣言に国民は敏感に反応した。市中においては、一旦、品薄になったにもかかわらず大多数の人がマスクを着け、繁華街の人出も激減し、各種のイベント主催者も軒並み中止や延期に踏み切った。また宣言が発出されている期間中を中心に飲食店なども自粛に応じ（これに関しては休業補償の制度が設けられたが、制度設計そのものに関する議論があり、また業界として厳しい状況にあることは周知の通りだ）、実際に来店する人も激減した。

結果として累計感染者数でいっても、2021年7月中旬時点でアメリカ合衆国が約3400万人、インドが約3100万人、ブラジルが約1930万人、フランスが約583万人、ロシアが約581万人、トルコが約551万人などとなっているのに対し、日本は約83万人あまりと、人口比でいってもかなり低い水準で推移している。もちろん、今後の動向次第では、国内での新たな感染者数の増加もあり極めて厳しい状況にはあるが、少なくとも同年同月の段階では医療崩壊も免れており、新型コロナウイルスによる感染拡大の状況としては、踏みとどまっている状況であったといえるだろう。

「ケガレ」と「ミソギ」

こうした日本社会と日本人の公衆衛生上の行動は、まさに規律構造たる世間体のなせる結果といえる。そもそも日本人がなぜ「綺麗好き」なのかといえば、それは日本社会が歩んできた歴史と切り離しては考えられない。ここまで、日本の精神的基盤が、神仏習合と儒教、近代化後の再編された武士道などが複雑に絡み合い、かつそれが壊れている状況にあると述べた。しかし、特に無意識の領域において社会で根強い影響力を依然として持っているのは神道の基盤だろう。

神道の重要な要素である「ケガレ（穢れ）」については前述した。「ケガレ」は「死・病・性行為・悪行」などによって不浄な状態に陥り、それによって共同体内に悪影響を及ぼすものとして伝統的に共有されてきたものである。そして「ケガレ」は、「ミソギ（禊）」や「マツリ（祭）」によって浄化し得るという構造を持つ。この「ケガレ」は日本化された仏教が持つ「不浄」の思想とも相互作用し、また仏教とともに神道と儒教の影響を強く受けてきた「武士道」にもその構造の一端を見出すことができる。

もちろん「病」をとってみても、近代化前はそもそも病の原因は分からないことが多かった。今でこそウイルスや菌類、遺伝性疾患や脳内物質の分泌異常などが病の原因であることは分かっているが、その科学的根拠が曖昧な時代は、神々の怒りによってもたらされる「タタリ（祟り）」や、個人が行う「呪い」といった呪術的なものなど、超自然的な事象や因縁によってもたらされるという認識が広くかつ根強く社会で共有されていた。

「死・病・性行為・悪行」といったものは、社会の表の部分では人間が強く嫌悪するもので、日本のみならず世界の各地の前近代的な文明で「タブー」として暗黙のうちに忌避されてきた。近代化以降も、程度の差こそあれ、基本的には忌避される対象として扱われている。しかし現在、こうした「ケガレ」と「ミソギ」の構造を世俗レベルで体現している共同体というのはほぼないのではないだろうか。しかし、新型コロナウイルスによる感染拡大といった未知の新たな脅威に見舞われた時に、日本社会の根底、特に無意識の領域に眠っている「ケガレ」への反応が表に出てくる。

日本人は、特にこの伝統的な「ケガレ」の意識が無意識の部分に根付いている。その「ケガレ」の精神は、本能的な防衛本能と、その原動力となる「不安」と密接に結びつき、根拠のない情報と反応することで、攻撃へと転ずる。

不安につけ入るデマ

新型コロナウイルスによる感染症は、すでに２０２０年の後半には、どのような状況で感染するのかかなり明らかになっていた。主に飛沫やそこから水分が抜けたエアロゾルに曝露して、鼻腔内や咽頭内に吸い込むことによって、感染の可能性が一気に高まる。感染者から数メートルといった至近距離にいる場合、特に「3密」といわれる「密閉・密接・密集」した空間では感染リスクがさらに高まることになる。

しかし、２０２０年の前半の段階では、まだその感染力や感染リスクが高まる状況が解明されておらず、日本社会においてもネット上などを中心に、一般の間で、新型コロナウイルスへの過剰な恐れや、逆にその悪性に関して過小評価する見方が錯綜した。

その内容は「新型コロナウイルスに感染したら急激に脳が炎症を起こして倒れ、そのまま死亡する」「新型コロナウイルスには抗体ができない（よって何度も罹患する）」「感染してもほとんどの人は発症しない、風邪以下の存在だ」といった真偽不明や実際にはまったく根拠がない情報がＳＮＳや匿名掲示板などで大量に流通した。

そして有事において「得体の知れないもの」に社会が見舞われた時には、例外なく「不安」を煽《あお》るようなネガティブな情報がより広範に流布され、また拡散されることになる。これは大地震やそれに伴う災害が発生した際に、根拠がまったくないにもかかわらず「○○日の○○時にもっと大きな地震が起こる」といった悪質なデマが拡散する例にも、それを見ることができる。

冷静に考えれば、今の科学技術では、「いつ、どこで、どの程度のエネルギーの地震が起こるか」を予測するのは不可能である。つまり専門家でも、詳細に将来起こる地震とその被害を正確に言い当てることは難しい。にもかかわらず一定数の人々は、いとも簡単にそうしたデマを信じてしまう。

なぜなら正確な情報がそもそも出てこない（感染症の検証ができない、地震がそもそも予測できない）状況において、流れてくるのは不確かな情報が大半であり、かつ動揺した心理状態（特に不安を感じている状態）では、冷静な判断力を奪われ、自身のポッカリと開いた情報の穴ともいうべき中に、その不確かな情報を当て込んでしまうからだ。

　さらにやっかいなのは、そうした不確かな情報を信じた人は、良かれと思って、他者にもそれを流布する傾向を持つ。こうした悪しきデマの循環ともいうべきものが、今回の一連の新型コロナウイルスによる感染症拡大では起こった。それは初期に顕著であり、程度の差こそあれ現在に至るまで続いている。

発露した「正義の仮面を被った攻撃」

　話を世間体とコロナ禍の話に戻そう。日本では、コロナ感染拡大初期から公衆衛生上の意識の高さが発露された。政府や自治体が発する「自粛要請」にも敏感に反応し、外出を控え、目に見えてマスクの着用率も一気に高まった。こうしたこともあって、感染拡大の第一波において、諸外国ほどの感染者と犠牲者を出していないのは、ひとえに個々人の努力の集積がもたらした賜物だといえるだろう。

　その一方で、日本社会が持つ規律構造たる世間体がもたらす負の側面として顕在化したのが、「はじめに」でも触れた、いわゆる「自粛警察」だ。「自粛警察」が具体的に発現した例としては、自治体や警察に対して「どこどこにある○○という店は、自粛期間中に営業している」といった内容の通報が多数寄せられたり、実際は自粛していたのに勘違いされて店に営業をやめるよう張り紙がされたりしたことが挙げられる。また地方において、駐車中の他の都道府県ナンバーの自動車に傷がつけられたり、公園で遊んでいる子どもに嫌がらせをしたりする行為が目立った。さらにインターネット上で、特定の人物や特定の店舗などの名前を挙げた上で、誹謗中傷《ひぼうちゅうしょう》するといったもの、また大都市部の通勤電車の中では、マスクをしない人に対して他の乗客が度を越して強く叱責するといったものが挙げられる。

そしてインターネット上においては、同様に「自粛していない」とされる対象に対して、批判を浴びせる状況が相次ぎ、根拠が曖昧かまったく事実無根である情報も多く流布された。何事においてもそうだが、現象というのは水面下に蓄積された構造が顕在化するものだ。

こうした事象の裏には、先に述べたように個々人と社会に忍び寄る「不安」と、それに対する防衛反応という側面がある。特に感染拡大初期において、新型コロナウイルスは、その感染力や、どういった状況で感染するか、また仮に感染してしまった場合にどういった症状が出て、どの程度の致死率であるのかといった基本的な点について、専門家の間でも確定的な情報を出すには、あまりにも分からないことが多かった。

人間社会が初めて直面する病原体なので当然のことではあるが、新型コロナウイルスによってもたらされる感染症は、文字通り「得体の知れない疫病」として、国や自治体、医療機関、そして個々人が直面することとなった。行政官や専門家であれば、こうした未知の感染症の拡大についての知見は一定程度あるのだが、多くの一般人はそうではない。

よって、その「得体の知れないもの」に対する「不安」は、より増幅される傾向が顕著となる。その結果、「防疫」「感染予防」という観点、もっといえば自分や近しい人が新型コロナウイルスに感染しないようにという「正義」をもとに、一部の個人や不特定多数の集団が、その「正義」を振りかざして、「ルールを守らない対象」への攻撃をすることになる。

つまり攻撃をする側は、規律構造の面からいって「自身が行う攻撃には正当性があり、かつその攻撃をしたところで罰せられることはない、むしろ社会のためになる称賛されるべき行動だ」と考えていることになる。これが防御反応と、それが過剰に発露される自粛警察という事象の裏側にある構造の一面であり、「正義の仮面を被った攻撃」とでもいうことができるだろう。

「不満と嫉妬」の構造

また、別の背景もあるだろう。それは、個々人の中にある「不満と嫉妬」の構造だ。「自分がこれだけ我慢しているのに、我慢していない者が許せない」あるいはもっと根深い普段から持っている社会や他者、自身に対する不満そのものを、新型コロナウイルスによる感染拡大に乗じて発散しようという心の動きだ。

実際には、「自粛警察の警察官」としての行動を取る個々人において程度の差はあるだろうが、「正義の仮面を被った攻撃」と「不満と嫉妬の構造」が、無意識下と意識下で複雑に絡み合い、発露される。こうした誤った、あるいは過剰な正当性を後ろ盾にした攻撃（「誤正当性による攻撃」とでも呼べるもの）は、社会に混沌が蔓延した状況という意味で有事にこそ起こりやすいものとなる。

そしてこの「誤正当性による攻撃」は、その背景や構造からして、前述したように正当性自体が根拠のない希薄なものか、独りよがりなものであることが多い。時には、強要罪や脅迫罪、業務妨害罪、民法の名誉棄損（不法行為）にあたるような過剰なものも多く、かつ「自粛警察官」たる当人が、正当な行為だと信じているか、ある程度やりすぎだと思っていても、「匿名性をもとに行う行為であるから自分は制裁を受けない」と信じていることが常であり、歯止めが利きにくいという性質も持つ。

いうまでもなく、「誤正当性による攻撃」を受けた側には、極めて不条理なものであるし、場合によっては差別そのものともなるだろう。いわばこの「私刑（リンチ）」は、私刑そのものが法で禁止されていることからも、社会秩序や国家の統治機構へのある意味での挑戦でもあり、社会にとっても混沌と混乱をもたらす。

したがって、被害者たる個人にとっても、その尊厳が損なわれる深刻な行為であり、社会にとっても害悪でしかないということになる。

こうした「誤正当性による攻撃」は、有事にこそ顕著になるが、平時においても企業や地域社会、学校や家庭といった各集団の中で行われているものだ。それは時に「不満と嫉妬」の構造とも結びつき、イジメやモラルハラスメント、パワーハラスメントといった形で、個人間や個人と集団との間で発生する。まさに規律構造たる世間体が持つひとつの負の側面だということになるだろう。

4・2　モラルハラスメントと社会不安

精神的暴力

「モラルハラスメント」とは、フランスの精神科医、マリー＝フランス・イルゴイエンヌが提唱した概念で、一言でいえば、「精神的な暴力」だ。このモラルハラスメントは、かなり偏った自己愛的（自己の価値について空虚な）人物が加害者となり、企業や学校、家庭といった小集団の中で、より立場の弱い人に対して行われることになる。

その内容は、相手に暴言を吐く、相手を無視する、相手の言動を取り上げて蔑《さげす》む、相手の容姿を侮辱する、あたかも味方であるかのように振る舞い、その内実は相手の自尊心を破壊するよう仕向けるといったものだ。もちろん、一度や二度、こういった行為が行われたから即座にモラルハラスメントになるかといえばそうとは限らず、長い時間や関係性の中で構造的に加害行為が行われるのが常である。つまり、被害者の人格や自己肯定感に対する目に見えにくい攻撃であるから極めて根深い問題といえる。

日本においても、このモラルハラスメントの問題がさまざまな場で取り上げられ、厚生労働省なども対応に乗り出しており、特に企業の中でのモラルハラスメントは、実際に起こった事案に基づいて民事裁判の判例も積み重なっていることもあって、公的な対処も徐々に整備されつつある。

一方で、家庭の中におけるモラルハラスメントは、一層、顕在化しにくい。特に親から子に向けられるものは人格形成にも大きな影響を与え、被害者たる子は、成人して社会に出てからも、モラルハラスメントによるトラウマによって、人間関係や、なにより自己肯定感において大きな問題を抱えることも多い。

そもそもモラルハラスメントの加害者になるような人物は、なぜそうした非人道的な行為を行うのかといえば、それはその人自身の心が満たされていないからである。心理学的には「自己愛的」「ナルシスト（ナルシシスト）」などといわれることがあるが、言葉の問題からその実情が誤解されることもある。「自己愛」といいつつ、実際はその真逆で、自分自身の価値を低く見ており、自己蔑視を内包している人のことを指す。

自己の価値を低く感じているので、同様に他人を見下すことが常で、他人を尊重する能力が本来的に低い。さらにいうと被害者に対して、ひどい行為を日常的に行っていても罪悪感を持たないことがその特徴として挙げられる。この加害者は、自分の心を自身で満たす能力が低い人だともいえるだろう。したがって、自分の心を満たすために周囲を巻き込むことになる。そのターゲットになるのが、立場の弱い人だ。

私が特に懸念しているのは、このモラルハラスメントの加害者、つまり自己の価値を低く感じている人、空虚な人を生み出す素地が、今の日本社会に傾向として高まっているのではないかということだ。

我が国特有の複雑な宗教的な背景に加えて、戦後は特に宗教的なものと個人がより断絶されることとなり、細分化された小集団の中の規律と蔓延する「現代的世俗主義」という世間体の中に社会全体が覆われている。ここにおいて、個人が個人として、自分自身を探求する機会はさらに失われていることになる。

ことさら外面的な規律が蔓延する中において、自分とは何か、いかに生きるべきかを突き詰めることは、ある意味で至難の業ともいえるだろう。だが、これに正面から向き合わなければ、「空虚な人」は多く生み出されることになる。また、こうした空虚さは、公共や他人が立ち入ることがなかなか難しい家庭の中において、より深刻な問題として浮上することになると私は考えている。

そして、モラルハラスメントの加害者とその被害者がより生み出されるのであれば、当然、学校や企業といった小集団において、この問題はより深刻なものとなるだろう。今まさに日本社会は、このモラルハラスメントの問題に直面しているともいえるのではないだろうか。

新たな社会不安と世間体

社会心理学や心理学、政治学などの面から定型化されている概念として「集合行動」というものがある。これは、流行といった文化的な側面だけではなく、暴動やパニック、私刑など、社会において人が集団として行動する諸現象を総称するものだ。

集合行動が発生する原因については諸説あるが、その特徴は、社会において有意な数の集団が、怒りや不安、義心（独りよがりなものであっても）といった感情などをもとに一種の興奮状態に陥り、相互作用しながら共通の雰囲気が生まれ、暴動や街頭でのデモンストレーション、あるいは私刑といった行動として発現していくところにある。

これが明確な政治的意図と結びついて集団行動となる場合には、革命といった政権の転覆につながることがある。そうでない場合は、暴徒が散発的に街頭で暴れまわる事例に象徴されるように、具体的な行為として顕在化することが多い。では、なぜこうした集合行動が起こるのかといえば、その背景に社会不安があるからだ。
「社会不安」とは、文字通り社会の中で、多くの人が、起こっている現象について適切な意味付けができずに、先行きに関しても見通せず、不安が増大している状態を指す。つまり社会の中に不安が蔓延している状態とも表現できるだろう。

この社会不安だが、歴史的には戦争や経済的格差の拡大、自然災害や感染症による感染拡大などの際に一気に増大する傾向にある。今回の新型コロナウイルスによる感染拡大についても、まさに社会不安が国内外で膨れ上がることとなった。

図らずも、新型コロナウイルスによるパンデミックが、規律構造たる世間体の面からも日本社会が抱える諸問題を浮き彫りにすることになった。現在の日本の状況を考えると、すぐさま暴動や内乱といった顕著な集合行動が顕在化する状況にはなっていない。ゆえに、その兆候はないように見える。しかし私は、伝統的な社会不安や集合行動の概念では見過ごされかねない、新しい形の社会不安が日本において増大しており、それは世間体と深く関係していると考えている。

4・3 「個人」であるための試練

個人の価値の喪失

日本社会は、特に戦後において、多くの識者が指摘するように、諸外国のような階層や宗教、人種等によって、それぞれの集団の間で大きな格差がない状態をまがりなりにも維持してきた。これはつまり、社会における各集団の間での緊張状態が起きにくいことを意味している。

戦後の日本においては、努力さえすれば、たとえ貧しい家庭の出身であっても起業・成功して世界的な企業の経営者になることも不可能ではなかった。一方、賃金労働者の側も、その多くが終身雇用制下で「一億総中流」の幻想のもと、一定の水準で暮らすことができた。

それが、先進国特有の経済の「成熟化」による低成長や、「失われた20年」の間に過度な政策的デフレ状態が継続したこともあり、徐々にその幻想が壊れ、また非正規雇用も増大し、その結果として高所得者層と低所得者層に分化しつつある。そして高所得者家庭の子弟のほうが、より手厚い教育を受けられるので、進学や就職の面でも有利となり、所得に基づく格差の固定化が進んでいるともいえる。

また、社会全体からの公的年金制度への不信が払拭《ふっしょく》されないどころか、年を追うごとに増大している状況があり、これに少子高齢化も加わる。特に世代を追って固定化されつつある低所得者層や貧困層にとっては、将来に対する不安の要素は増えつつあるといえる。

これだけでも非常に大きな社会的な課題だが、これと相互作用しつつ、特に目に見えない部分で増大しているのが、現代的な世間体の問題だ。これは本書において述べてきたように、社会全体で、軸となる規範が揺らいでいる状態であるにもかかわらず、個々の小集団の中での規律に縛られ、自己のより本質的な確立と探求が行いにくい状況の中で、現代的な世俗主義の負の部分が増大している状況のことを指す。

つまり政治的なものや宗教とは距離を置きつつ、高度大衆消費社会の良き消費者であり（つまり流行りのモノやサービス、遊興を消費すること）、他人よりも世間体的に良い進学や就職を目指し、他人から奇異に思われないようにする生き方がマジョリティとなっているということだ。そうした中で、自己の価値を外面に依存する、価値的に空虚な人が増えているといえるだろう。

この価値的に空虚な人は、他人を巻き込むことで自己を満たす傾向が強い。そのことで、家庭においてはモラルハラスメントや暴力、飲酒やギャンブルといった依存につながり、また学校や企業ではイジメの問題の背景ともなり、価値を見失った人が自死への誘惑に駆られることにもなる。

これは格差の固定化や経済的な貧困、社会福祉の問題以上に、我々日本人が抱える極めて重大な課題だ。これを放置していては、社会不安がさらに増大し、個人がより押しつぶされ、相互の信頼関係も揺らぎ、社会そのものが一層、疲弊していくことにもなりかねない。日本社会は今、まさに深刻な状態に置かれている。

コロナ禍で試される日本的民主主義

新型コロナウイルスによる感染拡大は、規律構造たる世間体と日本社会、企業や学校、家庭といった小集団、そしてそれらと相互作用する個人にとって、極めて大きな衝撃を与えている。その衝撃は、私たちの社会でどう危機に対して意思決定をしていくか、つまりは政治構造と、それと相互作用する個人の在り方に対しても、否応なしに際立った課題を投げかけている。
日本の戦後の政権は、日本国憲法の精神に則《のっと》って政治を行ってきた。日本国憲法の精神の中核は憲法第9条ではなく、憲法13条の「個人の尊厳の保障」である。「個人の尊厳の保障」とは文字通り、社会の中で個人の尊厳を守ることが最も重要だとする考え方で、憲法を上位の法規範とする法体系からして、基本的にすべての法律は、「個人の尊厳の保障」を頂点として制定されている。

こうした構造は諸外国、特に西側の持つ法体系には概ね共通したもので、近代化のもたらしたひとつの成果だといえる。つまり前近代は、それだけ個人がないがしろにされていたということの裏返しであり、近代以降の特に西側社会においては、基本理念として「個人とその尊厳を大事にしよう」という約束事の上に成り立っているといえる。

これ自体は、現在の日本が先進国としてふさわしい価値観を共有していることのひとつの証左であり、社会が共有するかけがえのない財産だろう。こうした基盤の上で、戦後の政権は、途中幾度かの政権交代を経る過程にあっても、その権力の行使はいずれも極めて抑制的であった。それは政治的には保守派に位置し、政権担当の年月としても際立って長い自由民主党政権下においても、その構造は変わらなかった。

それは「法の支配」を是とする民主主義国家として称えられるべきことで、ある意味では、それを守れるほどに平和で幸運な期間であったともいえるだろう。しかし、それが新型コロナウイルスによる感染拡大という有事において大いに試されている。先にも述べた通り、感染拡大によって発せられた緊急事態宣言は、医療機関の設置や、医療物資の確保に関する規定以外は強制力を持たず、その本質は政府による国民や民間への「お願い」なのだ。

そもそも有事において、こうした「お願い」で、どこまで感染拡大を止めるだけの有効な対策が打てるのかといった議論は、すでに感染拡大初期から各所で行われている。その議論はつまり、日本国憲法下で、いかに有事において権力機構が権力を行使するかといった、根源的な議論へと深められる必要性があるだろう。

コロナ禍で試される個人

コロナ禍において、政府が国民や民間へその対応の多くの部分を委ねているという意味においても、また、そもそも民主主義を維持するという意味においても、重要なのは、やはり個人の存在だ。情報という面においても、政府や政治家というのは基本的に「ポリティカル・

コレクトネス」、つまり「政治的に正しい」言葉を発する傾向にある。

「政治的に正しい言葉」とは、性差や民族、宗教、出自などへの偏見を排した、政治的に公正かつ妥当な言葉や態度のことで、近代的な民主主義国家の政治家には求められる資質である。これ自体も世間体と共通した規律構造に基づいている。つまり「良い政治家」であればあるだけ、いってみれば、「当たり障りのない」言葉を発することになる。なぜなら、そうしなければ場合によっては政治生命を失いかねないからだ。放送法などで規制を受けるテレビ放送も、これと同様の表現上の規律構造が存在することになる。

情報の面で、こうした基盤の上にある以上、より一層、個人は自分の頭で考える必要がある。そしてそのことは、先にも述べたように、民主主義社会を維持していく上においても極めて重要かつ必須の要素である。

もっといえば、有事であるからこそ、自立して自分の頭で考える個人が議論を重ねられる状況になければならないだろう。これは今回のコロナ禍という疫病の蔓延という事態だけではなく、大きな自然災害や戦時においては、一層、重要になってくる。

なぜなら、有事においては、特定の「空気」、有無を言わせないような雰囲気、つまり規律構造が生み出されることが常だからだ。我々日本人は個人として、たとえばマスクの着用に関して、あるいは外出時や公共交通機関の利用に関して、学校や企業の中での振る舞いといった生活のあらゆる局面において、新たなルールを作り出す、まさにその最前線に立たされている。

第5章

ネットの中に形成される世間体

この章では、インターネットの中における世間体について見ていく。インターネットは情報伝達手段という側面に留まらず、メディアとしての特性も持つ。インターネットの中では新たな社会が時々刻々形成されていて、そこにおいても世間体が生まれ、人々は否応なしに、その世間体と直面している。また近年は、いわゆる「炎上」といった事象がネットの中において散見されるようになった。いわばネット上における〝私刑〟だが、ここにも世間体、つまり規律構造が深くかかわっている。

こうした事象の背景を分析する上でも、そもそもインターネットがどのようにして成り立ってきたかの歴史的経緯を見ることは、物事の本質をとらえるため、そして何より社会学の見地からも重要だ。本章ではそれらを踏まえた上で、ネットと世間体の関係について明らかにしていきたい。

5・1　ネットがもたらす変化と変容

ビジネス・消費の在り方の変化

規律構造としての世間体は、社会の変化とともにその構造自体も変え、日本社会に大きな変容をもたらしてきた。特にインターネットの普及は日本社会に大きな変動をもたらしたが、それとともに世間体もまた影響を受けている。ここでは、まずインターネットがもたらしたビジネスや消費の在り方を振り返ってみよう。

越境ＥＣ（Ｅコマース＝電子商取引）に見られるように、インターネットは従来のビジネスのシステムだけでなく、国家や地域の捉え方といったものにまで変容をもたらしている。越境ＥＣとは、国境を越えた電子商取引、つまり国際間のネットショッピングのことを指す。

経済産業省の商務情報政策局が２０１８年5月付で出したレポート「我が国におけるデータ駆動型社会に係る基盤整備」によれば、越境ＥＣにおける世界の市場規模は２０１８年には約74兆円で、２０２０年には１０９兆円にもなるという（新型コロナウイルスによる感染拡大の影響で、さらに上方修正されるとの見方も多い）。

こうした越境ＥＣによって人々は家にいながらにして、手にしたスマートフォンから大手ＥＣプラットフォームなどで欲しい物を注文し、国内外から品物を取り寄せることが可能となった。このような基盤は、（コロナ禍前までは）インバウンド需要などと連携し、訪日外国人が日本国内で商品を買い、帰国後に越境ＥＣで継続的に購買をするといった流れを生み出した。

これらは従来のリアルでの物流のみでは到底なし得なかったことで、ビジネスそのものだけではなく、消費やマーケティングにおける国境の捉え方をも変えようとしている。また通話アプリによって一定の月額料金を通信キャリアに支払えば、長時間の通話やメッセージのやりとりが可能となり、ＳＮＳの普及によって、誰しもが情報の発信をすることができるようになった。

日本のネット社会の特異性

これらの事象は、インターネットの普及とデジタルデバイス（パソコンやスマートフォンなど）の発展、国内においては総務省が主な所管行政庁となる通信政策の変化などがなければ実現しえないものであった。

１９９４年の日本初のダイヤルアップＩＰ接続サービスの開始から始まり、その翌年となる１９９５年にはＯＳとして画期的なマイクロソフト社の「ウインドウズ95」の販売が開始され、一気に日本国内でもインターネット普及の機運が高まった。

その後、回線のブロードバンド化とデバイスの高性能化が進み、テキストメッセージだけでなく、音声通話やビデオ通話でつながれるようになった。これは個人間のコミュニケーションという意味でも、社会と個人とのつながりという意味でもまさに「革命」と呼ぶにふさわしい変化だった。

そして各種ＳＮＳサービスの提供などによって、人々はインターネット上に新たな、かつ多層的なコミュニティを形成することとなった。この変化は、従来の「国家・地域・企業・学校・家庭」といった枠組みの外部にありながら、それらを時には抱合し、時には超越する形での新たな社会を有機的に形成している。

これこそがインターネットの普及による社会の変容の核となる部分だ。重要なのは、その変容が企業活動やビジネスといったゲゼルシャフト（利益社会）的な側面だけでなく、ゲマインシャフト（共同体社会）の面でより強くその影響をもたらしているという点だ。

一方で、ネットの世界においても日本人は日本語を話すコミュニティ、つまり、ほぼ日本人の中でのみコミュニケーションを取る傾向にある。これは普段使う言語によってコミュニケーションが縛られるために、ある意味で必然ともいえる。

もちろん、日本人であっても英語や他の外国語に精通していれば、インターネットを介して他国語を常用する人々のコミュニティで円滑にコミュニケーションを取りうるが、多くの日本人が必ずしも他国語を流暢《りゅうちょう》に使いこなせない現状を踏まえると当然の帰結だ。

また、どこの言語世界でも、外国語と母国語では親しみやすさや内容の深さにおいて違いがあるのは当然で、このことは外国語に深く習熟している人々でも変わらない。パーティで挨拶する時の英語と、飲みながら小声で、自国語で話す内容が違うのはどこでも同じである。多くの人々にとって外国語は、どこまでいっても外国語のままなのである。使い古された言葉でいえば、日本におけるネットの世界もまた「ガラパゴス化」した状況にあるともいえるだろう。つまり、日本人も新たな世界をインターネットの中に見出したが、そこにおいても主に日本人の間でコミュニティが形成されているということでもある。

5・2　メディアの民主化と世間体の拡大

旧来のマスメディアとの対比

インターネットには「通信手段」としての側面と、「メディア」としての側面がある。通信手段としては、いわずもがな、メールやメッセンジャー、チャットやＩＰ音声通話、ビデオ通話などによってコミュニケーションを取るためのプラットフォームという面だ。

もうひとつのメディアとしての面とは、Ｗｅｂサイトやペイドメディア（広告など）、ＳＮＳといったアーンドメディア（信頼関係を構築するためのメディアという意味）といった側面のことだ。つまりインターネットは、個人や企業が多くの人に情報を発信したり、コミュニケーションを取るためのメディア・プラットフォームとしての面を持つことになる。そのインターネットメディアと対をなすのが従来のマスメディアだ。

インターネット上のメディアと、従来の地上波テレビ・ラジオ放送、大手新聞、出版などといったマスメディアの違いは何だろうか。その違いの根幹をなすのが、情報の発信者の属性の違いだ。旧来のマスメディアでは、放送局や新聞社、あるいは出版社といったプロフェッショナルがその発信を一手に引き受けてきた。

しかしネットが一般に普及してからは、それが当初はテキストのみ、やがて静止画が多く使われ、ブロードバンドが定着してからは動画が多用されているという変遷があるものの、特に制作のプロフェッショナルではない個人や一般の企業が発信者となれるようになった。

インターネットメディアが成立する以前は、新聞を制作して各戸に配布するシステム、ラジオやテレビ番組を制作してそれを放送するシステムなどを通して、受け手たる個人が読んだり視聴するのが従来の構造であり、その構造は現在も一定の力を持っている。

従来のメディアにおいて、その発信者は新聞社やテレビ局であり、番組を制作するのはそうしたマスメディアたる企業や提携する制作会社などだ。つまり、その主人公は大きな資金力を持つ巨大組織だった。一方、多くの一般市民は、ひたすらそうしたプロフェッショナルが制作した紙面や番組を受け取る役を、好むと好まざるとにかかわらず演じてきたことになる。

この構造に根本的な変革をもたらしたのがインターネットだ。近年、各企業が「オウンドメディア」をＷｅｂサイト上に構築して情報発信をする試みが注目を集めている。オウンドメディアとは、コーポレートサイトなどに紐づく形や、コーポレートサイトとは別にドメインを取得して運用する企業の情報発信サイトの総称だ。

そこでは顧客や見込み客とコミュニケーションをより密に取ることで、企業との間で信頼関係を醸成し、顧客の囲い込みをはかれる点が主なメリットであるとされる。つまりマスメディアではない、製造業や小売業を営む一般の企業が、自社でメディアを持ち、広く意図する情報を発信できるということになる。

加速する変化

メディアとして活用できるという点ではＳＮＳや動画配信サイトも同様だ。これはより個人が発信しやすいプラットフォームだ。ＳＮＳなどにおいては、そのプラットフォームの仕様が決まっているため（たとえばTwitterでは1回の投稿での文字数が決まっている）、発信の方法としての自由度はＷｅｂサイトよりも劣るものの、個人が日々自由に世界に向けて情報発信ができ、かつ現実社会では、およそ出会うことのなかったであろう人々とつながることができる。

これらはどういうことかといえば、つまり情報の発信の面における「民主化」なのである。インターネットが普及する以前は、「情報の発信」の担い手はマスメディア側に集約されていたのだが、その「発信する」という特権が、広く一般の企業や個人の手に分散してきた、まさにその変化の渦中に今日の人々は置かれていることになる。

そうして今まさに「メディアの民主化」が進行している状況ともいえるが、これは日本社会における世間体の有り様にも大きな変化をもたらし、そしてその変化も「メディアの民主化」とパラレルに進行している。インターネット社会そのものは、企業などのゲゼルシャフトと家庭などのゲマインシャフト（もっと言えば個人）の垣根なく形成されているのも大きな要素だ。

企業活動でいえばメールやチャットサービスやオンライン会議システムといったネット上のプラットフォームを介してコミュニケーションが取れ、データをクラウド上に保存できるだけでなく、データセンター上のラック内で稼働する構成によって、ありとあらゆるネット上のサービスを各種の法人や個人へ提供している。

増す個人の役割

コミュニケーションという意味でも、ビジネスの面でインターネットの中に世間体は確実に形成されている。身近な例でいえば、メールでのやりとりにそれを見出すことができる。紙の書面などよりも緩やかであるが、メール上でも「○○（送信先の名前や法人名など）様」などから始まり、用件を述べた上で文末に「よろしくお願いいたします」といった結語を書き、テンプレートとして法人名と個人名を示した署名を添えるといったルールが存在する。

また各企業などが一般向けにインターネットサービスを提供する際も法人の所在地やサービスを提供する基盤となるサーバーが設置されている場所に応じて、日本国内法が適用されることになる。個人が新たにインターネット上のサービスを受けようとする時に「サービス約款」や「個人情報保護方針」などが表示され、それを確認したことを示すチェックを入れないと次の操作に進めないということが多いが、これもインターネット上のサービスに日本の民法や商法や各種の関連法規が適用されるからに他ならない。

また世間体とインターネットを考える上で、仮想空間における世間体において最も大きな役割を担っているのが「個人」だ。人々は「個人」であることを強制される。いうまでもなくスマートフォンやパソコンといったデジタルデバイスとインターネット環境は、法人の一員としての立場でも、そこから離れた個人としても使える。個人はSNSやネット上の掲示板あるいはECプラットフォーム上での製品レビューやクチコミの形などを通して、多くが匿名で有名人や企業などを常に評価し、それらの情報を共有している。

また学校などの場では、子どもたちの間で「裏アカ（主に現実社会では憚られる情報を受発信する、あるいは他者とつながるための匿名性のあるアカウント）」を介してイジメに使われるといった負の側面もそうだ。こうした個人がネット上の世間体社会を構成する上で、意義としてもトラフィック（ネット上で送受信されるデータ）という量的な意味合いとしても大きな比重を占めている。

それはつまり、日本人の中に家庭や学校、企業や地域社会といった小集団、あるいは現実の日本社会という大きな括りの他に、またそれらと有機的な相互作用をしつつ「日本人ネット社会」が形成され、そこにおいて新たな、そして巨大かつ重層的な「ネットの中の世間体」を生み出していることになる。

「無法地帯」で強化される世間体

その「日本人によるネット社会」において形成される「ネットの中の世間体」は、たとえば「ネットの中におけるリテラシー」あるいは「ネットの中の倫理」といった形で多くが明文化されずに蠢《うごめ》いている。インターネットの大きな特徴として、全体としては管理者が存在しないことが挙げられる。

もちろん個人や法人がインターネットに接続する際は、通信キャリアやプロバイダといった回線事業者や接続事業者と契約して役務を提供してもらう必要があるが、インターネットそのものはＤＮＳサーバーなどを網の目状につないだ独立した通信網であり、特定の国家や組織の支配下にはない（ＩＣＡＮＮ、ＩＥＴＦは例外だが、それとてインターネットを開かれた通信網として運用するための必要最低限の裁量しか有していない）。

したがって、インターネットの中でも、それを利用するユーザーの中で「暗黙の了解」や「決まり事」が形成されることになる。そのひとつが、インターネット上のリテラシーやインターネット上のモラルということになる。

リテラシーとは、もともと「識字能力」を意味するが、ここから転じて情報を評価する能力、そして「インターネットを使いこなす能力」を指すものとして広く使われるようになった言葉だ。これはデジタルデバイスを使いこなすという意味での技術的な側面だけではなく、インターネット上を飛び交う情報への対し方としての側面が大きい。

インターネット上では、ありとあらゆる個人や組織が情報を発信し、拡散させることができるので、その情報の真偽に関しては受け手がまずは精査する必要がある。その精査能力がインターネットリテラシーの中核とも見ることができるだろう。

質的変化を遂げる「発信者と受け手」の関係

同様にインターネット上のモラルとは、たとえば「個人情報の取り扱いには注意すること」「他人を誹謗中傷しない」「知的財産権を侵さない」といったものだ。これらはつまりインターネットユーザーが「自身の身を守る」という点と「他者の権利を侵害しない」といった点に集約できるだろう。

これらはインターネットに特定の管理者がいない以上、その開かれた仮想世界の中で、個人間や個人と組織、あるいは組織間でのトラブルや葛藤といった個々の事象への対応が折り重なり、ネットの中でも一定の行動規範がまさに暗黙の了解として形成され共有されつつある状態ともいえる。特にこうしたリテラシーやモラルといったものは、進化や変化の速度の速いインターネット社会において、その時々によってこれもまた変容するものである。

一方で、ネット社会が「民主的」であり、かつ高い匿名性を有することから、その本質は一種の無法地帯であり、現実世界での規範や世間体からは解放されうる世界と思う人も多いだろう。これには一理あるが、実際は違う。

無数の発信者と受け手たる個人を直接結びつけるネット社会では、むしろ世間体は強化されているともいえるのだ。なぜなら従来のマスメディアとその受け手の間にあった、情報の精査や小集団における情報共有とやりとりは、その度合いを弱めるからだ。

それはつまり、発信者と受信者がより直接的に結びつけられる自己言及性に起因する。他者について何らかのことを問いかけたならば、その問いかけはまったく同時に、自分自身について同じことを人々から問われることになってしまうのだ。インターネットの即時性は、人々が常に、同時に自己言及性に直面する状況を生み出した。

インターネットの普及によって新たに生み出された構造によって、世間体と、その一部である社会的ステイタスを生み出すマーケティング活動は、質的な変化を遂げることとなった。

そこにおいてカギとなるもののひとつが、モバイルデバイスである。

手の平に乗るマーケティングツール

「手の平に乗るマーケティングツール」とは、つまりスマートフォンをはじめとしたモバイルデバイスのことだ。インターネット上の世間体を考える上で、その新たな構造として生み出された「より情報の発信者と受信者を直接的に結びつける」ことに重要な役割を持っているものの中で、特に際立っているのがこのスマートフォンだといえる。

個人が所有する情報端末としてパーソナルコンピューターのほうが歴史は長いが、よりパーソナライズされるという意味においてはスマートフォンのほうが、一層その度合いは強い。なぜならパーソナルコンピューターは、法人や個人を問わず、複数人で共有されることもあるし、基本的にはデスクトップ型であろうがノート型であろうが、机などに設置して使うものであるのに対して、スマートフォンは常に持ち歩けるものであり、また屋外に出て移動中も使えるものだからだ。さらにネットユーザーたる個々人がネットを閲覧するデバイスとして、パーソナルコンピューターからスマートフォンへの比重が大きくなっているという面もある。

もうひとつには、パーソナルコンピューターは文書や表計算ファイルの作成、あるいは画像や動画の編集といった制作に利用されることもあるが、スマートフォンについては、ひたすら情報を受ける端末としての性格が強いともいえる。これはスマートフォンの処理能力などの性能が現時点において、パーソナルコンピューターよりも劣る点や、画面が比較して小さく、また入力システムも物理キーボードには及ばないなどの点から当然の帰結といえるだろう。

もちろんスマートフォンが普及する前のフィーチャーフォン（いわゆるガラケー）においても同じ構造があるが、フィーチャーフォンの性能がスマートフォンよりもはるかに劣っている点で、情報伝達の面ではスマートフォンのほうがより高度だ。

これらが何を意味するかといえば、スマートフォンは、より個人的なデバイスであり、かつ情報の発信者と受信者を直接つなぐものだということだ。つまり、たとえば企業のマーケティングやプロモーションを展開する方法として、スマートフォン上のアプリケーションやWebを介して、より直接的に個人へと情報を伝達することができるのだ。

スマートフォンを介して法人や個人から情報を受け取った人は、受け取った後にその情報を精査しなければならない。このことは本書で論じてきた規律構造、つまり世間体を生み出すという意味でも大きな役割を果たしている。

５・３　「炎上」の構造

世間体が生み出した「負」の最たるもの

インターネット上のサービスの中で、特にＳＮＳが社会に普及して後に出現した事象として「炎上」がある。これこそ、日本のネット社会における新たな「世間体」が生み出す典型的な状況であるといえるだろう。

　炎上とはある特定の人が不穏当な（あるいは不穏当と受け取られうる）発言をネット上でしたことへの人々の反応として、あるいは単純に受け手が炎上の対象となる人物や法人を気に入らないといった理由で、その対象に対して批判的な投稿や時には誹謗中傷する書き込みなどを行い、多くの受け手がそれに呼応することによって、その批判的な内容や誹謗中傷を含む投稿が指数関数的に膨れ上がり、当該事象でのトラフィックが顕著に増大することだ。

もちろん、それ自体が社会そのものであるインターネットにおいてこそ、不法・違法な発言は慎まれるべきことで、誹謗中傷にあたる発言に対しては場合によっては民法の不法行為に基づく損害賠償請求に発展したり、あるいは名誉棄損罪等の刑罰の対象となったりすることもありうる。だが、それ以上に炎上の対象となった個人や組織が、バッシングを受けることによって法的な制裁を待たずに社会的な制裁を受ける点が、より炎上の本質だといえるだろう。そして中には、それほどのバッシングに発展するほどの内容であるか疑わしいものも多く存在する。

なぜ、人はそれほどまでにバッシングするのか。過度にバッシングする人の心の中には、おそらく大きな空虚があるのだろう。空虚であるからこそ、人をあげつらうこと、攻撃することで精神的な平衡を保とうとするのである。

現代版「魔女狩り」

そうした空虚さの代償といった面と合わせてバッシングの背景の要素となるのが、「インターネット上の匿名性」と「正当性」だ。インターネット上の匿名性とは、一見してネット上、たとえばＳＮＳ上で書き込みや発信を行う際に、ネット名やニックネームを用いて、書き込む人が個人的な素性を明かさずにそれを行える点にある。もちろんこうした「匿名性」は、時には発信者自身を悪意ある他者から守る機能も果たすのだが、攻撃する側となった場合に歯止めが利かなくなることにもつながる。

　この「匿名性」と「攻撃性」の構造は道路上における「煽り運転」を生み出す構造とも似たところがある。「煽り運転」も、自動車という周りに歯止めをかける人がいない、あるいは歯止めが限られる閉じられた空間において、運転者が「気に入らない」と思った相手に仕掛けるものだ。そして多くの人は「煽り運転」をしても、自分が後々に特定され、制裁を受けることはないと無意識に考えている。

　インターネット上の「炎上」に話を戻すと、その「匿名性」とは、実はさほど担保されていない。なぜならＩＰなどの発信者情報は、契約したプロバイダなどのデータ（パケット）が通過したサーバー等に残っており、そうした情報と個人情報を突き合わせることで比較的容易に誰が発信者か特定可能だからだ。

　いずれにしろネット上で過度な批判や誹謗中傷をする人は、自分が特定されて書き込みによって制裁を受けることがないと考えているからこそ、そうした行為をしていることになる。また「正当性」とは、「過度な批判や誹謗中傷をしても良い」「(炎上の)対象となった相手は、そうした制裁を受けても仕方がない」と少なくとも書き込みを行う人は信じている、その過信を生み出す要因のことをいう。

これは私刑が行われる構造でもあり、むしろ私刑そのものともいえるだろう。同様の構造をもとに顕在化した例では、中世ヨーロッパで横行した「魔女狩り」がある。魔女狩りは権力者や教会が主導した形で行われたと思う人も多いだろうが、実際にはその源泉と原動力は一般の人々の側にあった。

一般の人々が「魔女」という幻想を生み出し、その「魔女」とされた無実の人の多くは、悲惨な末路を辿《たど》ることになる。これは、信仰するキリスト教や神なるもの、そしてそれらを基盤とする社会を侵害する存在から防御するための「正当性」があると信じていたからこそ、そうした非合理かつ凄惨な行為が行われたという面もあるだろう。

「炎上」を考える際にもう一つの要素がある。それは「匿名性」と紐づいた「非罰性」の幻想だ。「匿名性」があるからこそ誹謗中傷を書き込んだ自分は、誰からも罰せられることがないと信じることとなる。この「匿名性」がまやかしであるのは先に述べた通りだ。したがって「非罰性」も幻想であるということになる。いずれにしろ、こうした「匿名性」「正当性」「非罰性」があると信じるからこそ、過度な批判や誹謗中傷を含む書き込みが行われ、それが一気にインフレーションを起こすのが「炎上」だといえる。

そして「裁く」特性はインターネット上だけの特異な事象ではまったくない。むしろ日本社会が抱えている負の側面が、インターネット上ではびこる「匿名性と正当性」を信じる人々の中で拡大され共有されているというのが実態に近い。こうした「裁く」という傾向は世間体を考える上で、現実の日本社会そのものにおいて特に顕著であり、由々しき側面のひとつでもあるのだ。

5・4　個人としてどう対処するか

人はネットの中で新たな世間体を見出す

人々は今や、インターネットの中に新たな世間体を見出しつつある。その一面は企業などがマーケティングやプロモーションの一環として大衆へパーソナライズされた情報を広く伝達し、そこで受け手における「ステイタス」を生み出すという面だ。

もうひとつは、これまで現実世界で存在する世間体をさらに強化する形でインターネットの中で新たな世間体を形成し、人々はその影響を受けつつあるという点だ。であるなら、インターネットを介してもたらされる新たなる世間体に対して、個々の人々は意識して備える必要があるだろう。

これまでさまざまな面からインターネットと世間体の関係について見てきたが、その両者の関係性を見る上で、インターネット上の状況は今現在の現実の延長だという点を忘れるべきではないだろう。インターネットを「現実世界とは別個の仮想空間」という隔絶かつ隔離された世界だと考えると、そこで起こっているさまざまな事象や、もちろん世間体と個人や組織との関係で生み出される諸問題も見誤ることになる。

たとえば中学校や高等学校などでは、教師が生徒に「インターネットで知り合った人とは絶対に会ってはならない」という教え方をすることがある。これは生徒を守る観点からは、確かに一理あるともいえる。相手の属性や人となりが分からない場合、子どもたちがその相手に会わなければ潜在的な危険から遮断できるからだ。だが、これは同様にインターネットを使う上での潜在的危険性でもある、コンピューターウイルスや各種の攻撃、Ｗｅｂサイトや ＳＮＳを悪用した詐欺行為に遭わないために、パーソナルコンピューターやスマートフォン、インターネットを使わないようにするといった姿勢と同じことになる。

インターネットが現実世界の延長である以上、それを介して知り合った相手とは、人間関係が構築されていないか相手の属性が分からない、あるいは双方の場合に会ってはならない、もしくは子どもだけで会ってはならないとするのが、より現実に即した態度だということになる。

なぜならインターネットの向こう側にも間違いなく自分と同じ「人間」がいて、その生身の人間とコミュニケーションを取っているからだ。つまり、この文脈でいえば、そのインターネット越しの相手とどう人間関係を構築するか（あるいはしないのか）についてのリテラシーを子どもたちには教えるべきである。

これは一例だが、いずれにしろインターネットが現実の延長であるという実態を無視して、インターネットをどこか現実社会とは別の異世界として扱っていると、結局はそこで起こる諸問題に対処できなくなる。これは世間体についてもまったく同じだ。

インターネットの世界は現実社会の延長だが、さらにいえば先に述べたように現実の社会や企業、学校、家庭といった各種の集団における世間体と個人を介して複雑に絡み合いつつ、インターネットの中に新たな世間体を生み出しているのである。

第6章

世間体と企業・家庭・学校

この章では、世間体の問題を規律構造からの視点を用いて掘り下げつつ、個々の集団（企業や家庭、学校など）について焦点を当てる。また、それら集団の中で、どのように世間体が形づくられ、現在どのように作用しているのか、さらにそれらが生み出す課題と個々人の有り様などを中心に見ていく。

6・1　世間体と企業

幻想の「戦後昭和期的な雇用形態」

企業（ゲゼルシャフト）は、いうまでもなく国家と家庭に並ぶ主要な経済主体だ。そして世間体、つまり規律構造と日本人の関係を考える時に特に大きな位置を占めるのが、この企業でもある。

企業は日本のみならず、世界において経済の面における単位として普遍的に存在する。一方、日本の企業風土や個人と社会との在り方を見る時に、やはり日本独特の特徴をそこに見て取ることができる。

企業（を含む営利組織）とは、社会学的にいえば、ゲゼルシャフト（Gesellschaft、機能体組織、利益組織）だ。これは、地縁、血縁、友情などにより自然発生した有機的な社会集団であるゲマインシャフト（Gemeinschaft）とは対を成す。株式会社などの営利組織においては、営利を最高理念としつつ、それを実現するために組織をつくり、資金や労働力を集め、製品やサービスを提供するための基盤を整え、マーケティングやプロモーションを通して市場へと訴求し、消費者から、その製品やサービスの対価を得て収益を上げていく組織だ。

もちろん、個人事業に近い企業から、日本全体のインフラを担うような巨大企業まで、その組織や売上規模の大小によって、ゲゼルシャフト、つまり機能集団としての濃度は異なるが（基本的には、大企業になるほど機能体としての側面を強くしていく）、営利を基本理念として活動するという点については同じだ。

もちろん、企業はたとえば法学でいう法人であり、「企業」という物体や肉体は存在しない。誰も「会社」を見たことはない。また、法的には定款などの公的な書式の上でのみ存在するものであり、企業を構成するのは、個々の生身の人間であるから、機能体であっても実際はゲマインシャフト的な要素もある程度持っていることになる。

だが最終的には、営利企業はこの「営利」を原則として存立する以上、どこまでいっても、やはり機能的な集団なのだ。たとえば株式会社が赤字を出し続け、手形の不渡りを続ければ、倒産へと追い込まれる。だから、営利企業が営利企業である限り、好むと好まざるとにかかわらず、生き残るためには収益を上げ続ける必要がある。

その上で、日本の企業を考える場合に象徴的なのが、高度経済成長期に顕在化した終身雇用や年功序列賃金などを前提とする「戦後昭和期的な雇用形態」だ。

このシステムはすでに大きく壊れているのだが、現在においても日本人が給与所得者として働く時に、その精神は根強く残っている。「戦後昭和期的な雇用形態」とは、特に国の基幹産業となるような業種に位置する大企業などで、よほどのことがなければ従業員（主に正社員）を解雇せず、定年まで働けるようにし、賃金も個人の実績とは基本的に連携せずに、年齢に応じて徐々に上がり、定年退職時には退職金が支払われるような一連のシステムを指す。

これは、重化学工業や製造業などで、対外的な競争力を付けるべく施策を展開した中央官庁や、企業に資金を供給する金融機関、労働組合との協調などといった要素と組み合わさり、分厚い中間所得層を生み出すことで、安定した内需の喚起にもつながっていった。

そしてこのシステムは単純に雇用形態を基軸とするだけでなく、今に至る日本社会にあって、「正当な社会人（給与所得者）の姿」としての幻想の形で根強く息づいている。それは「良い人生のドグマ」、つまり「良い学校や大学に行って、良い企業に就職し、結婚をして子どもを育てる」といった人生の標準モデルにつながる。

だが、「戦後昭和期的な雇用形態」は、そもそも高度経済成長に最適化されているもので、多くの先進国がそうであるように、日本が低成長時代に入って以降は、その維持が難しくなっていることは明白だ。なぜなら、高度成長期には、右肩上がりの経済成長に支えられ、それに連動する形で企業業績も伸びることが大前提だったが、その前提が崩れているからだ。それは特にバブル期以降、大企業とされる企業でもリストラが横行し、「基幹産業」と呼ばれてきた自動車製造大手などでも、期間従業員など非正規雇用制度を積極的に導入していることからも明らかだろう。

たとえば、高校や大学を卒業して、いずこかの企業に就職する場合に、正社員かつ終身雇用ですべての新卒を受け入れられる状況ではなくなりつつある。そのことによって現実に非正規雇用や起業、あるいはベンチャー企業といったところへ労働力のかなりの部分が移りつつあるのだが、こうした立場の人々は、「良い人生のドグマ」から、ある意味で自由になれることも意味する。

しかし、日本社会においてこうした生き方は未だに傍流であり、大企業における正社員として生涯勤めるのが、給与所得者としての正統であるという幻想が根深く残っている。そしてそれが、「世間体的にも良い」ということにつながっていく。もちろん、こうした働き方や生き方については、個人における価値観の持ち方次第なのだが、社会と個人との関係性においては、拭《ぬぐ》い難いテーゼとして残っており、これに多くの人々が縛られている。

「姿勢」を重んじる企業風土

世間体と企業を考える上で、少し視点を変えて考えてみたい。世間体は、社会全体でも、またより小さな集団においても存在するということはすでに何度か述べてきたが、一般社会の規範や定律と別のものが存在し得る組織として、その最たるものが企業（営利組織）だといえるだろう。機能体集団である企業においては、その最高理念が、構成する人員にとって、「収益を上げること」や「生産性の向上」である点についても前述の通りだ。そしてその企業における世間体を生み出すものとは、一義的には、その最終責任者である経営者だ。

経営者が企業人として行う施策の中で最優先の目的は「収益を上げる」点だといってもいいだろう。そしてある人が企業の中で給与所得者として働く場合、この「収益を上げる点において、プラスとなるのかマイナスとなるのか」という規律に縛られることとなる。企業というものは洋の東西にかかわらず本質的にそういうものなのだが、問題は、たとえば労働組合などが機能していない場合、往々にして利己的な経営者の個人的な組織になりがちだということと、特に戦後の日本人において、人ひとりが人生を歩む上においての企業への依存度が次第に高くなってきたということだ。

そもそも近代の市場経済を営む社会において、企業は、労働の対価として生活の糧となる給与を得るためのシステムだが、そうした意味での潜在的・経済的な意味をはるかに超えて、日本人は企業に依存しきっている。これは伝統的に指摘されてきた、日本人は「どういった仕事をしているのか」よりも「どの企業に勤務しているのか」を気にするといった点からも浮き彫りにできる。この意味で、日本の企業はゲゼルシャフト（利益組織）の性格の他にゲマインシャフト（共同体）としての性格を強く持つようになってきたといえる。心身ともに依存している先の組織が、仮に独善的な規律構造を持っているのであれば、そこで働く個人は、その規律に一層、縛られることとなるだろう。俗語として「社畜」という言葉があるが、これもこうした構造を図らずもとらえて、生み出されたものともいえるかもしれない。

本書の冒頭で挙げた例を再び考えてみよう。２０１９年10月12日の夜、伊豆半島に上陸した台風19号は、先の15号に続き千葉県を中心に甚大な被害をもたらした。特に19号の進路が首都圏を縦断するものだったので、公共交通機関にも大きな影響を及ぼした。台風の接近に対応し、ＪＲ東日本や私鉄を問わず、関東甲信越を発着する多くの路線で計画運休が決められ、12日のみならず、台風通過後の13日の始発からも首都圏の鉄道は、名実ともに麻痺状態に陥った。

つまり、郊外の自宅から都心へ向かう多くの通勤客において、事実上、移動することが不可能となったのだ。もちろん、タクシーを遠距離で乗車したり、路線バスを乗り継ぐなどの奥の手もなくはないのだが、それとて就業時間通りに到着できる可能性は限りなくゼロに近い。こうした状況にもかかわらず、多くの通勤客が駅に向かい、各所のターミナル駅を中心にスーツ姿の人々で駅の構内があふれかえり、入りきれない人々によって長蛇の列が形成されることとなった。

この事象について、私の知人の数人の西洋人や中国人にいろいろと意見を言われたのだが、皆、総じて「あらかじめ公共交通機関が動かないことがほぼ確定しているのに、なぜ多くの人々があえて出社するのか。たとえ公共交通機関が運転を再開しても、会社に到着する頃には、終業時間近くになっているのではないか」と述べていた。私も、まったく同感だった。

では、なぜ日本人の多くが「非常事態において無理な出社をする（あるいは、しようとする）」のだろうか。これにはもちろん、各企業において、総務部門などが有事における具体的な社員の行動指針を策定していなかったり、策定していてもそれが周知されていないといった事務的な要素もあるだろう。

だがそれ以上に、日本の企業風土として、有事であっても出社する姿勢が評価され、仮に出社しなければなんらかのペナルティが与えられる、つまりは「規律構造＝世間体」があり、人々はそれに従っていることになる。そもそも、この「非常事態における無理な出社」は、終業時間の間際に自社に到着しても、物理的に業務を処理する時間が限られることから、企業の収益そのものに直結する規律とは言い難い。にもかかわらず、そうした「（出社に向けて努力をする姿を見せるという意味での）姿勢を重んじる」世間体が蔓延していることになる。

この「姿勢を重んじる」企業風土は、何も非常事態下における出社に留まらない。歴史のある大企業だけでなく、新興企業やベンチャー、正規雇用だけでなく非正規雇用においても日本の企業活動のありとあらゆるところで、日々見られるものだ。つまり日本の企業においては、ゲゼルシャフト的な側面、つまり「収益を上げる」ための規律と、このゲマインシャフト的な「姿勢を重んじる」規律の双方が、双璧をなすように横たわっているともいえるだろう。

そして、「姿勢を重んじる」規律というのは、「非常事態下における無理な出社」に見るように、企業の基本理念である「収益」には直結しない。にもかかわらず、あたかも収益に直結するような幻想をもとに、「収益を上げる」ための規律と「姿勢を重んじる」規律が紐づけられて存在しているとしかいえないような奇妙な状況が存在する。

これはサービス残業に象徴されるような過重な労働を強いる点についても指摘できるが、パワーハラスメントを生み出す構造にもつながるものだ。企業における権力者たる経営者（経営層）が、意識してか無意識かは別にして、「姿勢を重んじる」規律構造を使って、従業員に対価以上の労働を仕向けているともいえる。

そして、企業に依存する従業員の内面との相互作用によって、この規律構造たる世間体が生み出されているとも見ることができるだろう。この企業の中での世間体は、たとえば社会における古くからの「働かざる者食うべからず」といった規範と相互に作用しながら、多くの日本人がそれに縛られているということになる。

6・2 世間体と家庭

近代の家族とは

人が、生まれてまず世間体と出会うのは家庭だ。多くの人が成人する前後まで家庭で過ごすことからしても、ここでの体験は一人の人間にとって極めて大きな影響を与え続ける。

社会学では、全世界共通の「家族」、あるいは「家庭」の定義は不可能とする。なぜなら、それぞれの文化圏によって伝統的に多種多様な家族や家庭の在り方があるからだ。しかし、日本における家庭の在り方と、近代以降の社会とそれらの関係性を掘り下げることは充分に可能で、規律構造、つまり世間体を考える上においては、むしろ避けては通れない部分となる。もっといえば、近代化が進むにつれて家庭の重要性は相対的に高まっていることを考えれば、余計避けて通ることはできない。

近代の家族を社会学的に見た時に、その特徴となる部分は次のような要素として整理できる。

・排他性 ⟶ 親族のみで構成される
・核家族化 ⟶ 夫婦とその子どもで構成される傾向が強まっている
・情緒的基盤 ⟶ 主観的な情で結ばれている
・生育基盤 ⟶ 子どもを育てる場として機能する
・領域の分離 ⟶ 家庭と職場および社会との領域として分離される
・社会との接続性 ⟶ 親は賃金労働者（または経営者）として機能体たる社会の一員でもある、また子は学校を通して社会と接する

この要素からしても、多くの人にとって思い描く家庭の在り方とそれほど齟齬《そご》はないのではないだろうか。もちろん例外もあるが、あくまで近代以降の家族の在り方を定型化すると、このようになる。先にも述べたように、営利企業（一般的な会社）が利益を上げることを最高理念とする機能的集団（ゲゼルシャフト）であるのに対して、家庭は、情緒で結びついた自然発生的な集団（ゲマインシャフト）に近似している。

したがって、太古、人間が今日のような人間になる以前から、家族、もしくは家族的な集

団は当然存在しただろう。それは、子を産み、育てるための集団として、また、外敵や危険から身を守る場として、生物や種としての原初的な要素を色濃く残している。そして、文明が高度化し、近代によって社会が大きく機能的な面を拡大させていく中にあっても、家庭は、その生物としての生身の部分を濃く残し、かつそれによって構成される集団としての単位ということができる。

たとえば、経済学でいうところの「経済主体」は、「政府・企業・家計」だが、この三要素の中でも「家計」のみが、機能的集団ではなく、情緒的集団ということになる。そもそも家族は、もとから情緒的な集団で、近代以降も本質は変わらないが、近代化によって、機能的な外界である社会の中でひとつの単位として組み込まれる傾向が強まった。また親は、賃金労働者もしくは経営者として、社会の一員となり、一方の子は、学校などを通して社会と接していることになる。

また都市部においては、大きく崩れてはいるが、親も子も地域社会の一員としての一面を持つ。つまり家族は、根っこの部分では人間の動物的な部分を体現しながら、近代の機械的システムの中に組み込まれ、その機能的側面が大きくその内側に進撃している状態ともいえよう。

これは年々、その機能的な側面が外界から家庭に日ごとに程度を上げながら進撃しているというよりは、家庭における人間の生物としての部分と、まさにせめぎ合いを繰り返している状態とも表現できるかもしれない。これは、人間が知性を持ったことによって生物としての本能が壊れ、そのことによって文明が生まれて発展してきたことと、パラレルともいえるだろう。

「家庭内のルール」と「社会に適応するための規律の内面化」

この家庭での規律構造、つまり世間体には、大きく分けて二つの要素がある。ひとつには、「家庭内のルール」、もうひとつは「社会に適応するための規律の内面化」だ。

「家庭内のルール」とは、たとえば親子間においては、「家の特定の場所に落書きしない」「食事の前には手を洗う」「宿題は食事の前には済ませる」「兄弟は仲良くする」「お小遣いは月に千円」「夜9時以降には就寝する」といった細々なものだ。

これはそのまま、いわゆる「しつけ」とも言い換えることができる。この家庭内の世間体のひとつともいえる「しつけ」は、基本的に家庭生活を営む上で、親子ともに円滑に過ごすための決まり事という面とともに、その項目によっては、「社会に適応するための規律の内面化」としての要素を持つ。

先に挙げた項目の中であれば、「宿題は食事の前には済ませる」「お小遣いは月に千円」「夜9時以降には就寝する」といったものはその色合いが強いだろう。小遣いの額は、貨幣経済の下において適切な金銭感覚と物欲のコントロールを養うことにつながるし、就寝時間は翌日の学校に行くために充分な睡眠を取るために必要であるし、宿題を済ませる、きちんと勉強をすることは、現代社会において生きていく上での進学や資格取得につながる重要な要素ともなる。つまり、意識的か無意識的かは別にして、親は子に、機能体としての社会にいかに適応するかを、家庭内の規律構造（世間体）を通して体現させているという言い方もできる。

現代において重要性を増す家庭で必要なこと

家庭内の規律構造について「家庭内のルール」「社会に適応するための規律」双方に当てはまることだが、そこにおいては、親の愛情が名実ともに定律の中心にない場合、子どもは社会での世間体と対峙した時に、上手く対応することができない。

もう一つは、そうした個々の家庭内の世間体と相互に作用する形になるが、親が子どもに社会とどう向き合うかについて、その対峙の方法をいかに教えるかによっても、子どもの生き様は大きく変わることになる。そしてその対峙の仕方は、言葉だけではなく、まさに親の生き様として体現されてこそ意義を持つし、その多くが親の無意識から発せられるものだ。

そこにおいて、特に「社会に適応するための規律」は、容易にその意味を履き違えられる。その最たるものが進学や就職といった、子の人生を左右する事柄に関したものだ。この子にとっての人生の転機ともいえる時に、親の子への対応を誤ると、その子は、より広域にわたる社会生活に参入した時にも上手く適応することができなくなってしまう。

たとえば進学の際に、中学受験や、偏差値的に上位の高校、大学を受験させるとしよう。この時、その受験や学校や大学の選択、そもそも進学すること自体が、その子にとって本心から求めていることなのかどうかということだ。進学において重要なのは、幼少期から家庭が安心できる場であり、親が子に家庭内のルールを教導する際も一貫性があり、親と子の間で信頼関係が醸成されていることだ。

その上で、子が進路を定める時に必要なのは、親が子ども本人の特性を理解した上で、自発的な進路を選ばせ、その進路を歩む際の物心両面での支援をすることだ。しかし信頼関係がなければ、進学において、その進路を取ることで、先行き、子の特性にあった職業に就き、自己実現をしていくことにつながるといったことをいっても、子は聞かないか、まったく納得しないだろう。もっと極端な例でいえば、「勉強ができるから良い子・勉強ができないから悪い子」として子どもを扱い、終始その規律構造で接するというものだ。

これは何も学習面に留まるものではない。「近所の子と比べて、自転車に乗るのが下手だ、鉄棒ができない」といったことで一喜一憂する態度も、その根っこは同じだ。これはどういうことかといえば、子どもが家庭外の社会との比較において、優れているか劣っているかを価値基準として、子どもと接することを意味する。つまり子どもが社会における規律構造や、その一部であるステイタスといった世間体に照らしてみて、立派か否かで子を判断するということだ。

もちろんこれも程度の問題ではあるが、あまりに世間体を重視しすぎると、子は、その世間体に沿わないと親からの愛情が受けられない場合、意識と無意識で認識し、それを行動規範として脳の奥深くに刻み付けてしまう。これは進学先や社会に出た時に、失敗への耐性を極めて脆《ぜい》弱《じゃく》なものにしてしまう。ささいなことで自分の存在価値を失い、実際はそんなことがないのに、自分の居場所がなくなったと感じやすい人格へとつながることになる。

6・3　世間体と学校

「日本人としての規律」を形成する場

学校は家庭と並んで、個々の人間形成をする上での重要な場であるのとあわせて、人が家庭の次に世間体と出会い、内面化する場としての側面を持つ。

これは学校という、ある意味で閉じられた集団における内部的な規律構造に子どもが接するということと同時に、それと併せて実社会での規律構造に触れる、その前段階、準備段階の場だともいえる。そして特に日本の学校においても、規律構造たる世間体との関係を考える上で、多くの課題を抱えている。

学校における規律構造、国家（または地方公共団体）と学校、学校と教師、教師間、学校と児童生徒、教師と児童生徒、児童生徒間、教師と保護者（保護者会）というそれぞれの役割と関係性によって、それぞれの世間体が存在する。また、それら個々の世間体が複雑な相互作用をしているというのが、その実態だろう。そこにおいて子どもの視点から見れば、教師と児童生徒、児童生徒間の各規律構造に人間関係を通して濃密に触れ、人間形成に大きく影響を与えていることになる。

そもそも義務教育である小中学校においては、文部科学省が掲げる「義務教育は、国民が共通に身に付けるべき公教育の基礎的部分を、だれもが等しく享受し得るように制度的に保障するものである」といった理念を具体化するための機関だ。

これに見るように、日本に留まらず近代化以降の学校とは、かみ砕いて述べれば、社会の進歩や個々の特性を伸ばして自己実現するための場として、平等に教育を施すシステムの要だと位置づけられていることになる。

だが実際には、特に日本においては、個々の子どもの能力に応じるというよりは、社会において、おしなべて主に労働力として一定水準の能力を身につける場であり、かつ社会秩序を体現して、出すぎず、慎ましく、あるいはそつなく生きていけるよう、その意味での「日本人としての規律」を形成する場となっているともいえるだろう。

教師と児童生徒の間の規律でいえば、たとえばクラス担任は、学習指導要領など文部科学省の方針に沿った教育カリキュラムを、義務標準法に則っておおよそ40人ほどの子どもたちに施すのがその第一義的な使命だということになる。

そこでは、私語をせず、よく教師の話を聞き、宿題をこなし、遅刻・早退や欠席をなるべくせず、教師に歯向かわず、児童生徒間でも仲良くし、プライベートにおいても、非行に走らないのが都合の良い子どもといえる。

このこと自体が、すでに子どもを規律構造によって、ある意味で社会化していることにもなる。逆にいえば、この「良い子像」をクラスの教師と子ども（あるいは保護者）とで共有できない場合は、学級崩壊や中学などにおける生徒のドロップアウトや、学校内外での暴力行為等に発展していくことにもなる。それゆえ、子どもたちが思春期にさしかかる中学校などでは、時に不条理ともいえる校則をつくり、それによって規律構造を強化しているのだ。

髪型や髪色、制服の仕様、場合によっては恋愛などプライベートに至るまで厳しく規定することもある校則だが、まさにそうした決まり事を明文化して規律構造として設け、それに従っていれば「良い生徒」として扱われ、それに反していれば「アウトロー」として罰則を与えることが可能となる、つまり規律構造によって生徒を管理する、ひとつの安直な手法である。

学校教育の二重性

そもそも学校とは、自然発生的な情緒を基軸とする集団ではないので、その意味ではゲゼルシャフトに分類できる。一方でクラス担任は、多くの時間を児童生徒とともに過ごし、また学校そのものが子どもの人格形成の一翼を求められていることからも、一種のゲマインシャフト、疑似家族としての側面を持ち、理念の上からも、現実の学校生活の面からも、ゲマインシャフトとしての要素を色濃く持っているともいえるだろう。

そこにおいては、親役である教師と子どもたちの間で信頼関係があれば、自ずとコミュニケーションが成り立ち、教科を教えるにしろ学校生活を営むにしろ、日常で起こる諸問題は解決されやすく、無駄な規律構造は、本来は必要がないはずである。

だが実際は、一人の教師が約40人の子どもたちの内面と特性をよく理解して手厚く対応することは、物理的な面からも困難だろう。だからこそ小学校などでは、「良い子」を暗黙のうちに定型化し、中学校などではそれに加えて、およそ滑稽な校則を好んで定め、それによって子どもたちを管理するといった構造が生み出されているともいえる。

子どもにとって、（内面的にいえば）殺伐とし、荒涼とした状況に救いがあるのだとすれば、その一つはクラブ活動や部活動かもしれない。日本人が運動系の部活動を好む（特に保護者や一般社会が、子どもがそれをするのを好む）のは、こうした、学校における殺伐とした状況を無意識に感じ、その代償としてとらえていると考えることもできるかもしれない。もちろん部活動にも、それぞれの規律構造があるし、「学校できちんと勉強をして、部活動で運動もしっかりやって、双方で実績を上げる」というのが組み合わさって「良い子ども」としての範例として共有されていることも事実だろう。

その学校での人間形成を考える際に、そこに拠《よ》って立つ規範というものが日本において揺らいでいるので、本質的にその面で困難を抱えているとも見ることができる。つまり日本における個人としていかに生きるかといった部分だ。これは政治的に正しい言葉で言えば、「情操教育」といった文言でも言い表される部分でもある。

反映される現実社会の課題

すでに何度も述べているように、日本に限らず、近代化によって、それ以前の伝統と近代の理念との「せめぎ合い」が生み出された。近代は西洋で生み出されたものだが、その西洋は、いち早く「先進国」となったが、そこではキリスト教の規範が、近代の理念と軋轢を起こしつつも、厳然として社会のバックグラウンドとして横たわっていた。

一方で日本は、先進国の中でいえば唯一、非キリスト教の社会であった。またそれだけではなく、近代化以前の神仏習合と儒教などが融合した精神的な基盤が大きく壊れ、規律構造として普段の人間関係では、儒教的な要素が比較的強く、かつ無意識に共有されている。また戦後の日本社会は日本国憲法を必要以上に神聖視する傾向にある。そこに政教分離が明記されていることによって、特に公共機関の一角である公立の小中学校では、宗教に関する部分は明確に峻別されて運用されている。

たとえば、「いかに生きていくか」「モラルとは何か」を公教育の場において教えるための数少ない教科である「道徳」は存在するが、果たして教えるべき「道徳」の源泉とは一体何であろうかといったことにも、その課題の深刻さが滲《にじ》み出ている。

また、これは知人から聞いた話だが、彼が小学校の頃の担任は、熱心な労働組合員で、今にして思えば、かなりマルクス主義的唯物史観に感化され、それを曲解していたようだ。

彼のクラスには、古いお寺の子息がいたそうだ。ことあるごとにその教員は、その子に対して「坊主まる儲けでうらやましいな」といった文言を投げかけ、揶揄《やゆ》し続けていたそうである。その結果、寺の子は、長期間の不登校に陥ったそうだ。

　これはあくまで一例だし、個別の事案ではあるが、こうした教育現場において、一部とはいえマルクス主義的な唯物史観に基づいた、信仰に関連するものへの忌避があることも影響し、それが一層、情操教育を形骸化させているとも見ることができる。

　いずれにしろ日本の公教育の場においては、教科を教えるという機能的な側面が際立ち、子どもの内面的な人格形成をする上では、寒々しい状況があるといわざるを得ない。また子どもは、大人としての教員の立ち居振る舞いや接し方を通して、また同級生や先輩・後輩、そしてそれらの親などから社会における世間体を垣間見ることになる。

　だが、教員は企業人などから見ると特殊な存在であり、実はあまり社会を体現していない。その意味でも、社会での世間体との対峙の仕方を学ぶ場であるべきだと思うが、そこにおいても機能不全の状況にあるということになるだろう。

　さらに別の面から見てみよう。子どもの間でも厳然たる社会が存在し、そこで子どもは社会化を経験することになる。そこでの不全は時として「イジメ」といった形で現れることになる。諸外国でもイジメは存在するが、日本の教育現場におけるイジメの問題は、異質なものへの攻撃と、組織としての隠蔽に特徴づけられるだろう。

諸外国でも移民やハンディキャップを持っている人へのイジメはあるが、日本の場合は、より同調圧力に反した者、より弱い者へのイジメとしての要素が大きいところが問題だ。

これは実は、子どもたちが無意識に親や教師といった身近な大人の世間体を映し鏡として反映させているともいえるだろう。子どもは、親の世代の映し鏡である。イジメの問題が深刻化し、かつ潜在化する背景には、現実社会の課題がそのまま反映されているということにもなるのではないだろうか。

第7章

世間体と国家・民主主義

国家とそのシステムは、世間体と密接な関係があるだけでなく、それを生み出す源泉のひとつでもある。そして世間体と国家は互いに言及し合い、その相互作用の中で変容を繰り返し、現在に至っている。特に近代以降、「先進国」と呼ばれた諸国家は、近代社会の持つダイナミズムを背景として新たな課題に直面し続けてきた。その課題は、日々、深刻さと複雑さを増し、混迷の度合いは深まるかに見える。この章では、歴史的経緯などから形成され、現在に至る日本の国家の在り方と、ポピュリズムの台頭に象徴される日本を含めた議会制民主主義の脆弱性、国家における規律構造に目を向ける。

7・1　法の支配と日本の権力構造

そもそも「法の支配」とは

国家および権力者、あるいは権力構造は、規律構造の根幹をなす規律そのものを形づくる重要な要素のひとつである。世間体と国家を考える時に、この権力構造と規律構造の関係を見ることが一つの視点となる。特に先進国の場合、憲法に規定された三権（行政・司法・立法）、つまり法の支配のもとにある権力構造が、国家としての規律構造を社会に行き渡らせているということになる。

一方、日本特有のもので、かつ大きな役割を果たしているのが天皇の存在だ。「天皇」は、二度の文明的断絶を経験している日本社会において、古代と現代をつなぎ、精神的基盤となるものとして、一般的に考えられる以上に大きな存在であるといえる。

そもそも権力とは、主に国が国民に対して、好むと好まざるとにかかわらず、特定の行動を取る（取らない）ように「強制する力」と、それに呼応して自発的に従う人々の意志の両方を指す。これ自体がすでに、規律構造そのものともいえるのだが、純粋に権力構造の面で見れば、少なくとも今の日本においては、政治家や国民、そして皇族ですらも、憲法を最高位の根本法として、刑法・民法を始めとした法のもとの規定に縛られていることになる。

これが「法の支配」に代表される近代国家の理念であり、「治者と被治者の自同性」、つまり統治する者とそれに服するものが同じであることを意味する。

その法の支配は、ヨーロッパ先進諸国が共有する価値観、つまり議会制民主主義や個人の尊厳の尊重（人権の尊重）を担保する重要な概念で、これが機能不全に陥るということは、その国の民主主義が機能不全に陥っていることを意味する。憲法では、国民に主権があることを明記しており、これはつまり政治権力の面で、国民が最も力を持っているということをいっている。

その国民の代表者である国会議員から構成される国会で法律がつくられ、それによって行政が行われ、犯罪や民事的な争いのある時には裁判所が、その法に基づいて強制力のある裁定であるところの判決を出すことになる。

この、行政・司法・立法の各権力が、抑制と均衡、つまりそれぞれが相互に監視し、暴走をしないようにしているのだ。これが日本国憲法を最高法規とする戦後の我が国の権力の基本構造であり、行政でいえば、内閣や中央官庁、地方自治体が行ういかなる施策も、この構造をもとに行われていることになる。

近代化と「西欧的なもの・非西欧的なもの」

こうした構造については、基礎的な内容を義務教育の場でも教えられるのだが、この構造があるからこそ、議会制民主主義と個人の政治的自由が担保されうるのもまた、いうまでもないだろう。そして、それが先進諸国で共有されるに至るには、しかるべき経緯と多くの歴史的試練があったことも忘れてはならない。

改めていうまでもないが、歴史を見れば、近代の生まれ故郷である西洋においても「近代＝議会制民主主義の熟成」がすぐになされたわけではない。

たとえば世界が近代化する上で極めて重要な契機となったフランス革命を経験したフランスにおいても、現在の体制である第五共和制が築かれるまでには紆《う》余《よ》曲《きよく》折《せつ》があった。

１７８９年からのフランス革命に際しては、アンシャンレジーム（ルイ王朝とその体制）を倒した革命勢力であるジャコバン派は、革命が成立した後に独裁体制を確立して反対派を厳しく弾圧する恐怖政治を行った。その後にブリュメールのクーデターを経てナポレオン・ボナパルトによる執政政府の樹立から帝政に転じた。

ナポレオンが失脚した後は王政復古し、それに反発した市民によって第二共和制が築かれ、ナポレオン・ボナパルトの甥であるルイ・ナポレオンが大統領となるが、またしても帝政に転じる。その後、現在の第五共和制につながる権力構造、民主的な体制の基礎となった第三共和制が始まったのは１８７５年のことで、ここまでに約90年を要している。

つまりフランスにおいては、約一世紀にわたり、民主的な体制と専制的な体制の間を常に揺れ動いていたことになる。このような「専制と民主の揺らぎ」は、何もフランスに限ったことではない。現在、先進国とされる国々でも近代化に際し、絶対王政から脱しつつも、幾度となく専制への誘惑に社会全体が見舞われることとなった。

そもそも「近代」とは、主に英仏米で始まったものだ。「オリジナル」という意味での「近代」は、この3カ国のものであり、他の国はこれをもらい受ける形で、あるいは、やむにやまれずに取り入れざるを得ない宿命にあった。そして興味深いことに、この近代の発祥国以外の地域の多くでは、19世紀後半以降、より激烈な形で全体主義に覆われたことが挙げられる。

これは近代化に遅れをとったドイツもそうで、当時は農業国であったロシアについても同様だ。ドイツにおいては第一次大戦の敗戦によって生まれた民主的なヴァイマル共和政が、ナチスドイツの台頭によって瓦解して極めて専制的な体制が生まれ、ロシアにおいては、マルクス・レーニン主義を掲げる共産党が革命により政権の座に就き、世界初の社会主義国家として成立した。

近代化を余儀なくされた非西洋の諸国が、その近代化の過程で軒並み全体主義化したのは偶然ではないだろう。そして、これは日本においても全体主義化したという意味では同様であった。ドイツやロシアについては、ヨーロッパ圏としても括ることができるが、それ以外の地域、特に東アジアや中東地域などでは、「近代」をまったくの異質なものとして受け入れる必要があり、その軋轢は、より大きなものとなる。そしてその軋轢は現在も続いている。

東アジアにおいては、中国は中国共産党による全体主義が維持され、北朝鮮においては、さらに苛烈《かれつ》な専制体制が敷かれている。韓国においても朝鮮戦争後は軍部による独裁が続き、本格的に民主化の入り口に立ったのは、１９８０年代に入ってからだ。それ以外にも東アジアだけでも専制的な体制が敷かれている国や地域は未だ多い。また中東においても、西欧のものである「近代」を受け入れるか受け入れないかで未だに大きな揺らぎがある。

たとえばペルシャ人の国であるイランは、第二次大戦後、パフラヴィー朝の専制的な体制のもと、産業面では西側の協力を得て近代化するが、それに反発したイスラム教のシーア派によるイスラム革命へと転じ、現在に至るまで極めて非西欧的かつ権威主義的な体制が続いている。またエジプトでは、１９２２年の独立後、１９５２年には国王を追放して共和制が成立したが、ナセル、サダト、ムバラク各政権においても、アラブ的なものと西欧的なものの間で常に揺れ動いてきた。

7・2　「近代」をコントロールするための鍵

「自立した公民」

近代社会は、非常に強烈なエネルギーを持っている。社会構造の面では、それ以前は専制君主や貴族と、それ以外の被支配階層に固定されていたものが一気に流動化し、支配階層に集中していた富が大きく国民全体に拡散することとなった。また、科学技術も急速に発展し、医療技術など我々の生活に資するものも多く生み出した一方で、核兵器といった自分たちが創出したもので自分たちを絶滅させ得る力をすでに手にしている。さらに前述したように、一歩間違うと政治体制としても全体主義に転じ、政権によって多くの人の自由や生命すらも危険にさらす可能性を孕《はら》んでいる。近代社会とは、こうしたそれ以前とはまったく違った荒れ狂う龍のような、あるいは大量の水を含んで、大地をのたうち回る大河のような御し難いものをその本質に持っているのだ。

人間は、自らつくり出した「社会」を、決して思いのまま自由にすることはできない。自らの思いは他者の考えと競合する。そして、他者との競合によって、社会の独自性や自立性、そして客観性が生じるのである。

　私はこの「荒れ狂う近代」をコントロールし得る、その知恵が「民主主義」と、その派生物であると考えている。今日の先進国が採用している三権分立は権力の暴走を止める手段で、普通選挙によって政権を交代させることもできる。また公共の福祉の範囲内で、人々はいかなる自由な発言をすることも可能だ。こうした民主主義を維持するシステムは、そのまま「荒れ狂う近代」をなんとかかろうじてコントロールするための重要な機能だともいえる。

　なぜなら、時の政権が国策としての選択を誤ったら、その結果として地上を破滅に陥れることができる兵器が、すでに近代以降に生み出されているからだ。これは、第二次大戦時にナチス政権下のドイツが軍事力によって領土を広げ、それを結局は止められずに多くの犠牲者を出し、自国も廃墟になったという経験からも明らかである。また戦前の日本において、多くの権力者たちの本意に反して次第に全体主義に陥り、結局は軍部の暴走を誰も止められなかったことからも導き出される。

　かつてのイギリスの宰相であるウィンストン・チャーチルは、「民主主義は最悪の政治といえる。これまで試みられてきた民主主義以外の政治体制を除けば」と述べたが、これこそが近代と民主主義、そして国家を考える上での重要な示唆であり警告といえるだろう。民主主義は、決して一筋縄ではいかない。社会を構成するあらゆる人々に民主主義を維持する上での努力が必要で、しばしば意思決定に時間がかかり、もどかしさを覚えることも常だろう。だが「荒れ狂う近代」をコントロールする手段は他にはない。そして民主主義を維持する上においては、有益な議論が必要となる。これは議会の中だけでなく、主権者たる国民が議論をする姿勢がなければ、結局は他人任せになるからだ。つまり何も考えない、議論ができない主権者が大多数であれば、誰かが政策や国家的な方針を恣意的に決めることとなり、それはそのまま民主主義の形骸化を意味することになるだろう。

　つまり近代における民主主義は、特に政治的に自立して考えることのできる人々が大多数存在することを前提としなければ、成り立たないことになる。これが不全に陥れば、全体主義や、国民の感情をもとにしたポピュリズム（大衆迎合主義）に陥り、脆い均衡の上に成り立つ近代の世界は大きく危険に晒されることになる。

　こうした「自立した公民」となるためにも、家庭や教育の現場は重要になる。翻《ひるがえ》って日本の現状はどうだろう。たとえ元来は外国から輸入した民主主義であったとしても、それを維持できるだけの自覚的な人々は、どれだけ存在するであろうか。

7・3　日本的全体主義と世間体

社会が一つの空気に染まる危険性

日本社会は、明治維新によって文明的に混沌とした状況になり、かつ、その後は導入した議会制民主主義が政党政治の崩壊などによって機能を失い、全体主義に覆われることとなった。大日本帝国憲法が施行されたのが1890年、大政翼賛会が成立したのが1940年であるので、醸成期を含めた戦前の日本の政党政治は、ちょうど半世紀ほどで、その生涯を終えたことになる。

大政翼賛会の実態については諸説あるのは承知している。いずれにしろ「一国一党論」が背景となる形で、前身となる立憲政友会、立憲民政党、国民同盟、社会大衆党といった主要政党が解党して、そこへ結集したことで政党政治が瓦解し、帝国議会はおろか市中でもまともな政治活動が行えなかった。また大政翼賛会自体が、公事結社として軍事政権に制御された政府による国民統制を行う上での文字通りの翼賛機関となっていった。

これらの一連の経緯については、１９８０年代以降の各研究で明らかにされたように、「ファシズム」として定義されるような、一党あるいは特定のカリスマ的指導者による体系をもとに国民の思想や政治経済システムへの強固な統制といった、ナチス、あるいはファシスト党的な独裁とはかなり色彩を異にするものであった。

政治学の分野ではよく議論として挙がる点だが、日本はナチスドイツのようにファシズム（あるいはそれを内包する全体主義）を標榜する政党が合法的に選挙によって政権を奪取したのではなく（実際はナチスによる破壊活動も、もちろん政権奪取に寄与している）、社会全体として戦争への機運を高め、それに反対する勢力はことごとく淘汰されるか、口をつぐむように仕向けられたというのがその実態だろう。

当時の日本は、西洋列強のアジアへの進出に対抗する形で明治維新を成し遂げ、「富国強兵」のスローガンのもとで日清戦争・日露戦争で大国を相手に勝利し、その戦勝によって国としての自尊心が肥大化する中で、自身も中国大陸を含むアジアへの進出をしていくことになる。

その過程で関東軍など軍隊の一部が暴走し、明治憲法下のシステムでそれを抑止できずに戦線が拡大し、政治がそれを追認し、マスメディアも対米英戦争への突入について検証するどころか、むしろそれを煽った。

　こうした状況は、一般の国民との間で相互作用を繰り返し、社会レベルで軍隊による政治経済への支配や対米英戦争の開始と遂行を推し進める雰囲気が醸成され、それに反対の意思を表明したり、その疑いがかけられたものは、官憲による拘束や場合によっては命を奪われることになった。また、社会においても居場所を失うことになった。

　つまり、社会全体が「空気」としてひとつの方向に向かったということになる。これは日本的な世間体のなせる業であり、その日本的世間体の負の部分が最悪の形で発露したともいえる。世間体は先に述べたように、人間が人間である以上、良い悪いは別にしてそれと共に生きねばならないものだが、こうした狂暴な一面も持つのだ。その狂暴な一面は、実は今の日本社会においても厳然と息づいている。

台頭するポピュリズム

　そもそも近代的な議会制民主主義は、その基盤を一般国民に置いている以上、常に全体主義へと傾く誘惑や危険性と背中合わせにある。前述したように、日本社会と個々の人々は、その双方において（というかその相互作用の中で）、世間体の影響を特に強固に受けており、それゆえに全体主義へと傾く危険性がつきまとう。その全体主義に向かわせる政治的な姿勢、政治的な〝うねり〟ともいうべきもののひとつに「ポピュリズム」がある。

ポピュリズムという言葉は、ラテン語の「populus（民衆）」から来ており、支配階層やエリート、既存のシステムへの攻撃性を持ち、民衆に迎合しつつ、結果として民衆における政治的自由が阻害される（意識的か無意識的かにかかわらず、むしろ民衆がそれを望む）ことがその特徴ともなる。

ポピュリズムは、複雑な統治システムや意思決定プロセス、国や社会の抱える諸課題への解決策を単純化したプロパガンダを通じて直接的に大衆に訴求することで、それに呼応した民衆との相互作用によって肥大化する。歴史的にも幾度となく特定の国家や社会においてこのポピュリズムは台頭し、その結果として全体主義を現出させてきた。

ポピュリズムが、その〝うねり〟の末路として全体主義に帰結した例としては、ドイツのナチス政権が展開した「ナチズム」やイタリアのファシスト党が展開した「ファシズム」と、それが具現化した統治体制が典型だ。このポピュリズムの危険性が提唱されたのは第二次大戦前だが、現代の西側世界、そして日本社会においても今日的な課題として、むしろその危うさは増している。

そのひとつが、アメリカ合衆国の第45代大統領でもあったドナルド・トランプの展開した各種の政策や政治活動、そしてそれらを支えた民衆との総和がもたらした一連の事象だ。この事象の本質は「政策課題の単純化」であり、それが生み出した「熱狂」と「政治的暴力性」である。

アメリカは、2000年代以降を見ても、所得格差の増大や双子の赤字、白人ブルーカラー層の困窮や他国からの安価な農業産品の流入による農業従事者の苦悩など、国内だけでも多くの課題を抱えている。また外交や防衛を見ても、アメリカは、超大国としてイスラエル・パレスチナ問題やシリア内戦、対イラン政策や北朝鮮の核保有、中国やロシアの覇権主義など世界の平和に直結する諸課題と対峙せざるを得ないという宿命にある。

こうした諸課題に対して、トランプ氏は共和党の大統領候補でありながら、既存の政治体制への批判と「アメリカ・ファースト（アメリカ第一主義）」を掲げて大衆へと訴求することになる。トランプ氏の発言や政策は、個々のものを見ると場当たり的なものが多いが、その根幹にあるのは、先にも述べた既成政党を含む既存の政治システムへの「挑戦」であり、前任者であり、アメリカ史上初のアフリカにルーツを持つ大統領であるバラク・オバマ氏が行った政策へのアンチテーゼだ。「オバマケア」と呼ばれた社会保障政策の転換についてもそうで、イラン核合意の反故《ほご》やＴＰＰからの離脱は、まさにこのアンチ・オバマ的立場をそのまま実行したことになる。

また雇用政策や国内農業の振興についても、巨費を投じて「国境の壁」の構築に着手したことに象徴される移民の排除や、「１９８０年代的貿易史観」とでもいうべき保護貿易主義を唱えるといった、いわば終始、政策課題の単純化を行った。そうして、自身の支持基盤であり、元来、共和党支持者の多い中西部や南部の非都市部の白人貧困層、農業従事者、そして古くからの工業地帯である「ラストベルト」の有権者の多くに訴求し、厚い支持をとりつけたのである。

新型コロナウイルスによる感染拡大の影響でトランプ政権末期の経済政策の成否を評価することは難しいが、少なくともコロナ禍前において、トランプが有権者に約束した白人ブルーカラー層の所得環境の向上や新規の雇用者の増加もかなり限定的なものとなった（統計によっては、オバマ政権時代よりも雇用者の増加は下回っているとするものもある）。

そもそもアメリカという国は、南北戦争を戦ったアメリカ合衆国とアメリカ連合国に遡る、二つの異なった性質の社会が歴史的経緯とともに複雑に絡み合っている。それゆえ、農村的基盤と都市的基盤、人種的な軋轢、富裕層と非富裕層、信仰する教派、どの段階でアメリカに移住してきたかといった背景に基づいて、潜在的な分断が横たわってきた。この分断は南北戦争後もことあるごとに顕在化してきたが、トランプはかつてない形でその分断の火に油を注ぎ、ついには自国の議会制民主主義への有形力を持った攻撃へとつながったことになる。「先進国」世界の盟主を自認する現代のアメリカでこのようなことが起こったことは、かつてアレクシ・ド・トクヴィルが述べたような「中間領域」の減退と機能不全の問題を含め、極めて深刻な事態であり、近代を制御するための政治システムとしての議会制民主主義をいかにして守るかという課題とポピュリズムの持つ危険性をまざまざと世界に突き付けたともいえる。

　議事堂襲撃事件についてももちろんそうだが、ポピュリズムを顕在化させる要素としては、トランプ大統領の個性を熱狂的に支持する群衆の存在が不可欠となる。特に熱狂的な支持者の多くは、トランプが唱える「票が操作された」といった根拠の薄い陰謀論を信じ込み、被害者意識や他責感情と絡み合いながら支持者間で共有し、その熱量が肥大化するという経緯があった。ここには、狂信的カルト（セクト）の持つ性格と同じものを見出すことができる。

　そしてこのポピュリズムは、なにもアメリカだけが持つ潜在的かつ社会的な脅威なのではなく、「先進国」世界のみならず世界が共通して抱えるものであり、何より日本においてもまさにそこにある危機なのだ。

「大衆」批判の限界

ポピュリズムを考える上で、「大衆」の存在を無視することはできない。「大衆」について言及し、批判した人物としては、スペインの哲学者、ホセ・オルテガ・イ・ガセットがいる。彼が著書『大衆の反逆』を世に出した時代は、スペイン内戦が起こり、ドイツやイタリアにおいてファシズムが台頭した時期にあたる。

こうした全体主義が首をもたげる時代にあってそれを憂え、「大衆」を独自に概念化した上で批判したことは、ある面で必然で、オルテガが繰り返し述べている「慢心した大衆の危うさ」については、現代の社会においても当てはまる部分も大いにある。

そもそもオルテガが述べた「大衆」は、常用される言葉としての「庶民」と重なる部分もあるが、その本質は大きく異なる。彼のいう「大衆」とは、とどのつまり「権利ばかりを主張して義務を果たさず、義務があることすら考えもしない人々」ということになる。また

「大衆」が、「他者と均一的であることを苦とせず、むしろそこに喜びを感じている」存在であるといった意味のことも述べている。

この「大衆」が近代以降、権力の民主化によって力を得たのだが、この大衆によって、全体主義が台頭するという危険性を述べたことは当時としては斬新で、近代と議会制民主主義が持つ「危うさ」を彼なりの視点から言い当ててもいる。

一方で、特にバブル期以降の日本において、この「オルテガ的大衆」が一人歩きし、日本の政治状況を批判する際に持ち出され、時として、「オルテガ的大衆」を当てはめた上で激しく批判するという姿勢が識者の間でも散見されるようになった。つまり一般の人々、特に有権者と「オルテガ的大衆」を結果として同一視し、時としてたとえば「愚民」といった強い言葉を用いて批判する態度や姿勢だ。

そもそも「オルテガ的大衆」と現代日本の有権者を結果として同一視すること自体に大きな罠が潜んでいるが、現実の政治状況にさまざまな問題があるとして（当然にして問題は多いのだが）、それを「愚民」として蔑み、罵《ののし》る姿勢からは何も生まれないだろう。

また、こうした批判を人々に投げかけたところで、直面する近代と議会制民主主義が本来的に抱える脆弱性や、常に直面する全体主義への誘惑を乗り越えることにはつながらない。

それを乗り越えるには、近代や議会制民主主義について分析を加えた上で、社会共通の理解と、なにより規律として、「全体主義は忌避すべきものである」といった理念を共有する以外にはないだろう。そしていかに議会制民主主義を機能させるかについての智恵を常に探求しながら、これをまたいかにして共有するかに帰結することになる。そこで重要となるのがやはり教育だ。

7・4　「日本人と政治」再考

低い投票率の背景

「日本人は政治に疎いか」という問いかけがあるとすれば、それは「疎い」と言わざるを得ない。もちろん、ここでいう「日本人」とは「有権者の中での多くの割合」という意味においてである。衆議院議員選挙であれば投票率も6割から7割に達することもあるが、地方選挙であれば、それが知事選挙であっても、投票率が5割に達しないことも決して珍しくないし、市町村議会選挙に至ってはさらに投票率が低迷することも多い。

そもそも投票率とは、有権者の大多数が「我が事」として政治を考えているかの発露であり、ひとつの指標となる。だが、投票率が5割に満たないということは、それだけで半数以上の人が投票行動に参加していないことになる。その結果が、法の上では成立したとしても、果たして本質的に「治者と被治者の自同性」を担保し得るものであるのかは、大いに疑義のあるところだ。

また、メディアを通しても、普段の私の日常においても、投票行動をしないことについて、臆せずに「私一人が投票に行ったところで政治は変わらない（だから私は投票に行かない）」「政治のことはよく分からない」「政治家はなんとなく偉そうで悪いやつ」といった趣旨のことを言う人が少なからず存在するのを知っている。これは、近年、他国とともに投票行動が権利であると同時に義務であることを規律として内面化していない人が層として存在していることになり、日本の議会制民主主義は、その根幹の部分である意味危機的状況にあるともいえる。

では、そうした「政治的無価値感」「政治的義務の放棄」、あるいは「政治的義務に対する不感」とでもいうべき状況に日本人の多くが陥っているのだろうか。これも政治学の面から何度も議論されている点だが、日本人は、たとえばフランスやイギリス、アメリカのように市民革命を経て議会制民主主義に移行していないという指摘には意味があるだろう。

歴史上のある時点において、社会的なうねりとして、旧体制への反逆を文字通り命がけで行い、その結果として政治的自由とそれと対になる政治的義務を一般人が勝ち取るという経験は、その後の社会に決して消すことのできない刻印を残すことになる。

翻って日本の戦後は、敗戦によってアメリカが主導した日本国憲法を仰ぐこととなり、人々がそのために戦ったという経緯なくして、世界的にも先進的な議会制民主主義を営むための法制度を手にした。

他者による憲法とそれが規定する議会制民主主義について、それを内面化させることは、社会全体が、個々人の強烈な体験をもってその重要性を共有するという意味においてもやはり困難がつきまとうし、現にそうなっている。

一方で、「もらいものの憲法だから」、あるいは「押しつけられた憲法だから」、「日本人に議会制民主主義は難しいから」といったところで、それもまた意味をなさない。なぜなら、たとえば今から動乱を伴う現実の市民革命を成すことは無理で（そもそも倒すべき「旧体制」がない）、「旧体制」に戻るということもあり得ないからだ。

自分の首を絞めないために

重要なのは、われわれ自身が将来に向かって希望を失わないことと、自らの行動に対して常に責任を自覚することだ。そこにおいて公共の果たす役割は大きい。民主主義において政治の質は、選挙民の質を越えることができないからである。もちろん大人への啓発は、公共機関たる選挙管理委員会や公益財団法人たる明るい選挙推進協会といった団体が行っており、これも意義のある活動なのだが、本質的に必要なのは、義務教育段階における教育の強化だろう。

各家庭で親から子へ政治的自由と義務について教えることも重要だが、家庭によってその内容や熱度に大きな違いがある。また実際に大人である有権者の多くが政治的な無価値感の中にあり、かつ公共が私権の保護の観点から、政治参加の面で家庭に義務を課すことがなかなか難しいという現実の下で、やはり公教育というのは重要性を持つ。

この点で、私の知人から意義のある話を何度か聞いている。その知人は、執筆業を営んでいるが、著書の関係で選挙管理委員会の催しに講師として呼ばれ、中学生の前で政治参加の重要性についてしばしば講演を行っている。

その知人が言っていたのは、当初、自分の中学時代を振り返っても中学生に投票や民主主義の重要性を教えるのは難しかったが、「あること」に気づいてから耳を傾けてもらえるようになったという。また、講演を行った学校の教員の方々からの反応も劇的に好転したという。

その「あること」とは、そもそも人は、抽象的概念を理解するのは難しいということを前提にすることだった。特に若い世代であれば、それはなおさらだ。「議会制民主主義」「民主主義」「政治的自由」といったものは、抽象的な概念として重要だが、具体的に目に見える形で存在しているものではない。

つまり、それらは重要ではあるが、目に見えない。逆にいえば、こうした抽象的な概念を理解して、社会の中で共有できる点が人間を人間たらしめているともいえる。

その上で知人が行ったのは、生徒に両手を前に出してもらい、そこにバレーボール大の球をイメージしてもらうということだった。そしてその球は、個々人が持つ「政治的な自由」であると教える。その球は選挙を通して政治家に貸している状態で、いつでも返してもらえる（選挙では返ってくる）。そして仮に独裁者などがその球を取り上げるようなことがあれば、それを取り返すのは容易ではないといった話をしているという。

また、欧州の寓話「樽の中のワイン」を引き合いに出してもいるようだ。「樽の中のワイン」の寓話とは、ある村に聖職者が来ることになって、歓迎のために大きな樽の中に村人が少しずつワインを持ち寄って満たそうということになった。だが蓋を開けてみると、概ね水しか入っていなかったというものだ。このワインは政治的自由であり義務、そして樽は議会制民主主義だ。「自分一人だけが義務を果たさなくてもいいだろう（自分だけはワインを注がなくてもいいだろう）」と考える者が多い社会は、結果として自分たちの首を絞めることになるという教訓だ。

いかにも中学生に向けた内容で、明快かつ平易である。しかし、一見、分かったようなことを言う大人で、この内容の重要性を内面化できている人は多くない。現に、私自身も反省を強いられている。

終　章

世間体との付き合い方

これまで、いくつかの視点から世間体とそれがもたらす課題について見てきた。人は本質的に社会的な存在であるので、日本だけにとどまらず、いかなる文明にあっても規律構造たる世間体と切り離しては生きていけない。各々の社会は、やはりそれぞれの「世間体」によって人々を拘束しているはずである。世間体は、その国や文明の歴史的経緯や精神的基盤を背景として積み上がっていて、非常に複雑なものだ。そして、その世間体が負の作用をする時に、歴史的に幾多の悲劇を生み出してきた。では、日本社会において人々は世間体とどう向き合っていったらよいのだろうか。

意識すべきこと

本書において、世間体とは「個人間あるいは特定の集団において、その社会生活やコミュニケーションにおいて機能する、顕在化・潜在化した比較的強固な規律と罰則（または褒賞）の構造」であると定義した上で、日本社会と世間体、そして各々の個人と世間体の在り方について、その関係性について考えてきた。

世間体は、それがよく発露する限りにおいては、高い公共性や公衆衛生、低い犯罪発生率や、相互の助け合いなどといった形で現れるが、ひとたび負の側面として顕在化すると、自殺やイジメ、現実世界やネットを通した言葉や態度による私刑、モラルハラスメントに向かってしまう。

「世間体」は、歴史的経緯から、現在の日本の文化的背景となりながら、伝統的基盤が壊れているために複雑な構造を持ちつつ、さまざまな課題を社会、そして私たち個々人へと投げかけている。

では、各人は世間体とどう向き合うべきなのだろうか。一つには日本社会古来の精神的基盤が壊れていることを意識すること、そして家庭・学校・企業などそれぞれの世間体を意識することだ。特に閉鎖的な企業などでは、絶対的な権力者が、人々の考える「世間体」を生み出し、それに従うことを強制していることが多い。また、日々メディアや周囲の人がもたらす「理想の生き方」といったものが、果たしてどの程度の意味があるのか、根拠などあるのか、もしその世間体に苦しめられていると少しでも感じるなら、その世間体に自分の人生や生命身体をかける意義があるのかを常に問うことが大切である。

「いかに生きるべきか」を問う重要性

日本社会の混沌とした状況は、年を追うごとに深まっているようにも見える。日本の農耕と農村的基盤に根差した神道や仏教や儒教が複雑に絡み合った日本社会は、明治維新によって近代化と西欧化の波に洗われ、その後の太平洋戦争の敗戦によって、さらに再構築を余儀なくされた。

戦後は、個々が伝統的な宗教基盤から引きはがされる中で、後から特殊に生じてきた「世間体」が社会の中で、共通の精神的背景として機能するという社会構造になっている。その「世間体」は数度にわたる文明的断絶の中で、神道や仏教、儒教を源泉とするものが残存し（先輩・後輩関係、目上の者を敬うといったものは儒教の影響が強い）、多くが無意識のうちにその壊れた伝統的基盤と、現代的世俗主義の定律の中にいる。

特に現代的世俗主義が台頭する中において、一体何に縛られているのか、その実態が分からぬまま過ごしている人が大半なのではないだろうか。こうした状況の中では、ひたすら外の社会、つまり他人や外面を常に気にしながら生きていくことになり、内面の空虚さはさらにその度合いを増すことになる。

では一体、個々人はどのように、この世間体と社会に対面していけばいいのだろうか。何より重要なのは、自分の中に他者の目によらない、精神の核となる部分を築くことだ。人間とは、知性を持っている以上、「何のために生きるのか」といった究極的な課題から逃れることはできない。元来こうした、「いかに生きるべきか」「人生の意味とは」ということは、伝統的に宗教が担ってきた部分である。

　現に日本以外の多くの国々では、いまだにキリスト教やイスラム教といった伝統的な宗教基盤が、近代との間に軋轢や相互作用を起こしながらも厳然として力を持ち続けている。しかし、現代の日本では、伝統的な宗教基盤が壊れている。

　かといって、今から社会全体でかつての再構築された武士道や国家神道のように、新造の精神的基盤をつくったところで、それもまたやはり新造であるだけに、カルト的なものになってしまう危険をはらんでいる。つまり現代の日本は、永年人類が培ってきた、自己の価値や「いかに生きるべきか」について探求する基盤から、個々人が隔絶されてしまっている社会だともいえる。

　これは極めて深刻な状況だ。この深刻な状況を理解した上で、なお個々人が各々の責任において、社会と対話しつつ、自己の核となるものを形づくる、その血の滲むような努力をしなければならない、その責務を突き付けられているともいえるだろう。

現代的世俗主義への対し方

日本人だけではなく、現代を生きる上で世間体から逃れられないのと同時に、世間体の発露ともいうべき現代的世俗主義からも逃れられない。なぜなら現代的世俗主義は、近代社会の構造そのものと市場経済、そして市場経済が生み出す商業主義からもたらされるもので、それらと無縁で生きていける人などいないからだ。

オルテガのいう「大衆」は、つまるところ「権利ばかりを主張し、義務を果たさず、他者と同質であることに疑いを持つどころか、それを快く思う根無し草の群衆」ということになる。加えて実際の現代社会において人々が陥っているのは、「少しでも他人よりも優位に立ち、他者とはささやかな差異を持つことを目指す」という点だ。ここに現代の特徴がある。

これ自体が、現代的世俗主義の一面となっている。だが、このこと自体は市場経済を営む上においては健全な消費者の条件にもなるので、社会の一員として職業を得るためにも、またより就職に有利な教育を受けようとするという意味での向上心にもつながり、社会に活力をもたらす原動力ともなりうる。

重要なのは、その現代的世俗主義への対し方だ。現代的世俗主義は、社会的地位や収入、学歴などにかかわらず、程度の差こそあれ、誰しもがその中にある。大企業の経営者であっても、一般の賃金労働者であっても、少なからずテレビやインターネットや紙媒体などを通じてコンテンツを楽しみ、休日には行楽にも行き、流行の衣服や必要に応じて自動車なども購入するだろう。

そうした世俗の中にあって、世俗や社会、そして現代的世俗主義や、それを生み出す規律構造について可能な限り客観的に考え、いかに自己を失わずに生きるかということが求められる。

エリートの生き方とモダンサバイバーの生き方

個々人や集団の在り方のひとつに「エリート（elite）」あるいは「エリート主義」がある。近代的な意味のエリートは、学歴や職業的な知識などを背景として社会で優越的な地位に就き、政治家や官僚、企業のトップとして人々を統率することを意味する。日本も明治維新によって、主に欧州的なエリート主義を導入し、旧制高校や帝国大学の出身者が政財界の重鎮として活動し、戦後においてもほぼ同様の構造が継承されてきた。

もちろん、日本では固定的な階級という意識が弱められているので、西洋よりもエリート層と非エリート層の流動性は高かったといえる。だが、低成長期に入るにつれ、家庭の財政状況によって、このエリート層が次第に固定化しつつあると盛んに指摘されている。いずれにしろ近代以降、日本においても、西洋諸国ほどでないにしてもエリートたらんとすることは、「良家」のみならず、広く「目指すべき生き方」として社会と人々の意識の中に根強く定着してきた。

もちろんエリートは、社会を牽引する存在としてどこでも必要不可欠な人々だが、私はこの「エリートたらんとする生き方の指標」とは別に、「モダンサバイバー（Modern Survivor＝現代におけるサバイバー）たるべき生き方の指標」が必要だと思っている。本書で繰り返し述べてきたように、現在の日本において、壊れた古来の伝統的基盤と、高度大衆消費社会のドグマ、現代的世俗主義という社会状況がある中で、それを理解し、踏まえた上で、自分自身の価値を自ら作り出していくことが重要になる。

つまり、心の空虚さを抱えた生き方とは対極といえる。これは財政的に豊かか、そうでないか、年齢や性別、職業といった差とは関係ない。

他者を受け入れる

家庭環境に恵まれ、愛情深く育つことができれば、子は自己の中に安定した価値観を見出し、周囲や社会がどう見ようとも、自分を信じて生きていくことは難しいことではないだろう。難しくないとはいえ、社会生活では自分の思い通りにならないことは多い。

病や事故、親の他界や災害など、思いもかけないことは誰の身にも起こり得る。また、人間関係の悪化を招いたり、企業で働く中で不条理な扱いを受けたりすることもあるだろう。そうした時にも自分自身を失わないようにするには、やはり自分の中に心の核となる価値観をつくるしかない。

そこで重要になるのは、自己実現だ。そのためには、まずさまざまな対象に興味を持つことから始まる。小さい時であれば絵本を読んだり、自然の中で戯《たわむ》れたり、草花や鳥、昆虫と接したり、身の回りの友人知人に関心を持ったりすることが重要だ。また学校でさまざまな教科を学び、メディアやネットを通して知識を得ることも大事なことだ。

そうした活動を通して、自分自身の興味の対象や、自分がどういったことが得意不得意なのか、あるいは好き嫌いを自分自身の感覚と感性において選び取るようにする。それらに基づいて、自分の生き方をどうしたいのか、何を職業とすべきなのか、あるいはそれとは関係なく追求していくのかのイメージを明確にしていく。

重要なのは、その「自分の理想像」に向けて、一歩一歩、少しずつではあっても、努力をすることだ。けして「他人から見られた時に立派だ」とか「親の愛情を得るため」といった理由で理想の自己像を追い求めるべきではない。それらはしばしば憎しみや負の感情に基づいた努力であって、たとえ達成できたとしても、生み出されるのは空虚さだけであることが多い。

失敗を恐れず、目標に向かって歩みを進めることだ。そうすることで自信を持つことができ、思い通りにならなかったり、最終的な目的を達成できなくても、自分自身を信じて生きていくことができ、内面の豊かさそのものへと通じることになる。

人は、自分自身を受け入れている範囲でしか、他者を受け入れることができない。したがって自己実現を成し遂げている人は、他者を受け入れることができる、つまり本質的にやさしくなることができるのだ。

そうした人物は、家庭でも学校でも企業でも、また社会の中においても、適切な振る舞いをすることができるだろう。社会において、個人の疎外や虐待、モラルハラスメントや私刑といった世間体がもたらす負の部分をなくし、社会をより健全に営む民主的な社会のあり方を堅固なものとする、そのために政治的自由を確かなものにするには、個々人における自己実現が不可欠だともいえる。

いまを生きる個々人に求められる使命

世間体を「呪縛」としてとらえた時、呪縛からの解放とは、その構造（流動し相互作用する構造）があることを知り、その構造との距離の取り方、対峙の仕方を自分の頭で考えることから始まる。現代の日本社会において、日本とは、あるいは日本人とは何か、歴史や伝統に遡りつつ、個々人の在り方について常に探求することが必要だろう。

つまり、これは紛れもなく「自己探求」への努力となる。これはいかなる文明の中においても等しく人に与えられた使命だ。そして現代の日本ほど、この探求が求められている社会はないかもしれない。その道のりは、決して平坦ではない。

しかし、その道を歩むことにこそ、希望と未来があると私は信じる。また、もし自分が社会の中で生きづらいと感じているなら、自分の育ってきた家庭環境を振り返ることも重要だろう。家庭の中で、たとえばあなた自身に価値がないと思い込まされてきたのではないだろうか。そうした環境で育った人は、自分の内面の無価値感を補うために、世間体を必要以上に気にする傾向にあるのではないだろうか。

いずれにしろ、世間体はその大部分が人々にとって無意識の中に存在し、複雑な要素が相互に作用し合っている。その内面に目を向けて、「本当に価値のあることは何であるのか」を探ることが重要となる。これが、現代の日本を生きる各人にとって真に必要とされていることなのだ。

おわりに

私はコロナ禍を経験して、日本社会について考えが変わったことを正直に告白したい。本書にも登場した「自粛警察」は正直驚きで、そこに「日本人」の独自性を感じざるをえなくなってしまった。

そもそも社会科学は、まず何らかの構造があることを前提として、人々の社会生活をそれに当てはめてきた。もちろん、構造は存在するだろう。だが、それは固定されたものではなく、常に流動し、相互に作用し合っているものだ。

このダイナミズムを前提としない限り、社会科学はどこまでいっても生々しい現実の事象から遊離することになる。

また、従来の社会科学は往々にして、固定された構造を前提とすることで、人々の責任をないがしろにしてきた。すべて、「構造」のせいにすればよかったからである。しかしそれでは、特に今日の日本社会において人々の満足な自己実現はいつまでたっても実現しないだろう。

その上で、本書において日本社会の抱える多くの問題を「世間体」の面から指摘してきた。しかし、私自身は日本と日本社会、そしてそこに暮らす人々は世界的に見ても誇るべき存在だと思っている。ただ、あまりにも世間体に強制され、それに流される現状ゆえ、本来の可能性が削がれる局面が歴史的にも多かったし、今もそれが続いていると考えている。

この状態が続けば、高度大衆消費社会や現代的世俗主義の負の側面に一層翻弄され、社会としても活力を失い、人々は「得体の知れない」世間体にますます抑圧されることになるだろう。

その岐路に、いま日本社会と日本人は立たされている。微力ではあるが、本書をきっかけとして、多くの方がこの問題と向き合い、そして日本人と日本社会がより良き道に進むことを願っている。

2021年7月

犬飼裕一

参考文献

『大衆の反逆』ホセ・オルテガ・イ・ガセット、中央公論新社、２００２年
『自殺論』エミール・デュルケーム、中央公論社、１９８５年
『日本の近代化と社会変動――テュービンゲン講義』富永健一、講談社、１９９０年

企画・編集協力　戸桝茂哉

犬飼裕一（いぬかいゆういち）

1968年、愛知県生まれ。早稲田大学大学院文学研究科博士課程修了。社会学者、歴史社会学者。日本大学文理学部教授。マックス・ウェーバー、ゲオルク・ジンメル、和辻哲郎の研究に出発し、歴史社会学、社会学理論、日本人論、日本文化論に研究領域を拡大。近年は「社会」をめぐる語りの問題に着目して言葉の持つ力から日本社会を見つめる取り組みにも注力している。またインターネットやAIの発達に伴うデジタル化と社会の関係、人間の在り方にも焦点を当てている。『マックス・ウェーバーにおける歴史科学の展開』（ミネルヴァ書房）で2008年度日本社会学史学会奨励賞を受賞。著書に、『方法論的個人主義の行方―自己言及社会』（勁草書房）、『歴史にこだわる社会学』（八千代出版）などがある。

世《せ》間《けん》体《てい》国《こっ》家《か》・日本《にっぽん》 その構造《こうぞう》と呪縛《じゅばく》

2021年8月30日初版1刷発行

著　者 ―― 犬飼裕一
発行者 ―― 田邉浩司
装　幀 ―― アラン・チャン
印刷所 ―― 堀内印刷
製本所 ―― ナショナル製本
発行所 ―― 株式会社 光文社
東京都文京区音羽1-16-6（〒112-8011）
https://www.kobunsha.com/
電　話 ―― 編集部03(5395)8289　書籍販売部03(5395)8116
業務部03(5395)8125
メール ―― sinsyo@kobunsha.com

 ISBN 978-4-334-04557-9

光文社新書

1118
渋沢栄一に学ぶ 大転換期の乗り越え方
田口佳史

道徳なくして、ビジネスは成立しない。激変する時代を生きるビジネスパーソンのために、「渋沢栄一の生涯」と『論語と算盤』、そして『論語』をもとに「仕事の本質」を説く一冊。

978-4-334-04525-8

1119
資本主義から脱却せよ
貨幣を人びとの手に取り戻す
松尾匡
井上智洋
高橋真矢

「安心な生活」が失われているのはなぜか。それは〈経済の仕組み〉に問題があるからだ。経済学の論客二人と不安定ワーカーが、いま〝発明〟すべき「新しいストーリー」を提示する。

978-4-334-04526-5

1120
カラー版 王室外交物語
紀元前14世紀から現代まで
君塚直隆

時代遅れの遺物から、平和を支える存在に――現代に力を発揮する王室・皇室外交を、紀元前の中東から中世・近代の欧州、大戦前後の英王室へと辿り、日本の皇室のあり方も振り返る。

978-4-334-04527-2

1121
ルポ 婚難の時代
悩む親、母になりたい娘、夢見るシニア
筋野茜
尾原佐和子
井上詞子

住職がサポートする「寺コン」、親が相手を探す「代理婚活」、コロナ禍での「オンライン婚活」など、十人十色の婚活模様と日本人の結婚観を共同通信の女性記者三人が徹底取材！

978-4-334-04528-9

1122
未来は決まっており、自分の意志など存在しない。
心理学的決定論
妹尾武治

「我々の自由意志とは錯覚であり、幻想である」――心理学、生理学、脳科学、量子論、人工知能、仏教、哲学、アート、文学、サブカルを横断し、気鋭の研究者が世界の秘密に挑む。

978-4-334-04529-6

光文社新書

1123
ドレミファソラシは虹の七色？
知られざる「共感覚」の世界
伊藤浩介

「真っ赤な嘘」は、なぜ赤色？・「いろいろ」は、なぜ「色々」？・音や文字に色を感じる〝共感覚〟はなぜ生じるのか。気鋭の脳科学研究者による、ヒトの認知の不思議に迫るスリリングな一冊。

978-4-334-04530-2

1124
巨人軍解体新書
ゴジキ（@godziki_55）

ファンもアンチも日本一多い球団、読売ジャイアンツの「勝利の哲学」とは。巨人軍の21世紀のスター選手たちを振り返りながら、パ・リーグへの対抗策を考える。

978-4-334-04531-9

1125
20世紀論争史
現代思想の源泉
高橋昌一郎

現代の思想を理解するためには、20世紀の偉大な知性が議論を重ねた諸問題を踏まえなくてはならない。「教授」と「助手」が時にユーモラスに対話しながら道案内を務める知の論争史。

978-4-334-04532-6

1126
運気を引き寄せるリーダー 七つの心得
危機を好機に変える力とは
田坂広志

「強運」のリーダーは、メンバーやチームにも「強運」を呼び込む。「運の強さ」は、誰でも意識的な努力で身につけることができる。先端科学に基づいた二一世紀の「新たな運気論」。

978-4-334-04533-3

1127
もしも、私が「がん」になったら。
81歳、現役医師の準備と決意
藤田紘一郎

81歳、免疫が専門の名物医師がとことん「がん」と向き合った。仕事は続ける？ 治療は受ける？ 改善すべき生活習慣は？ 発症しても慌てない、嘆かないためのがん入門書。

978-4-334-04534-0

光文社新書

1128
お笑い世代論
ドリフから霜降り明星まで
ラリー遠田

芸人の「第七世代」という言葉が一般にも広まるなか、それ以前の世代が誰なのか、どのような変遷を経て現在に至ったのかを改めて振り返る。「世代論」で読みとく戦後芸能史。

978-4-334-04535-7

1129
郵政腐敗 日本型組織の失敗学
藤田知也

郵便事業の創業から一五〇年を迎えた日本郵政グループ。従業員四〇万人を超える巨大組織の実態は、「腐敗の構造」と究極の「事なかれ主義」だ。朝日新聞のエース記者が徹底取材！

978-4-334-04536-4

1130
「倫理の問題」とは何か
メタ倫理学から考える
佐藤岳詩

それは良いことか、悪いことか。これは正義か、不正義か—。日常がゆらいだときに現れる倫理の問題に、私たちはどう向き合えばいいのか。世界の眺め方が変わるメタ倫理学入門書。

978-4-334-04538-8

1131
名画で読み解く プロイセン王家 12の物語
中野京子

フリードリヒ大王とビスマルクという傑物を擁し、世界最強国の一角に食い込んだプロイセン。ヨーロッパの原型を作った王家の２１７年間の人間ドラマを名画とともに繙く。

978-4-334-04539-5

1132
幽霊消防団員
日本のアンタッチャブル
高橋祐貴

活動をしていないのに自治体から一定の公金を受け取る「幽霊消防団員」。全国に広がる不正の実態がこれまで放置されてきたのはなぜか？ 若手新聞記者が日本のタブーを斬る！

978-4-334-04540-1

光文社新書

1133

「女性向け風俗」の現場
彼女たちは何を求めているのか？

柾木寛

昼の顔は営業マン、夜の顔はあらゆるお客様に分け隔てなく接するセラピスト。性だけの繋がりゆえに彼女たちが教えてくれた、この国のジェンダーとセックスの本音。

978-4-334-04541-8

1134

理系研究者の「実験メシ」
科学の力で解決！　食にまつわる疑問

松尾佑一

太陽光でもお米は炊ける？　なぜ超音波をかけるとお酒は美味しくなる？　食にまつわるふとした疑問。大学教員が自ら実験して確かめる！　食欲と知識欲を刺激する異色の食エッセイ。

978-4-334-04542-5

1135

在宅医療の真実

小豆畑丈夫

在宅医療は「より良く生きるため」の手段／初めてでもうまくいく在宅医療の受け方／家族の負担をなるべく軽く——在宅医療に関わる救急医が、込み入った全体像を丁寧に整理・解説。

978-4-334-04543-2

1136

新・人間関係のルール

辛酸なめ子

人生の問題の多くを占める人間関係。ＳＮＳの発達やパンデミックの発生によって、人間関係にも新しいルールが生まれつつある。「コミュ力不足」の著者による、クスッと笑える24話。

978-4-334-04544-9

1137

ジェンダーで見るヒットドラマ
韓国、アメリカ、欧州、日本

治部れんげ

「愛の不時着」はなぜヒットした？　「半沢直樹」がウケる日本はヤバイ!?　ジェンダー視点でドラマを見れば世界のいまも見えてくる。業界随一のジャーナリストによる新ドラマ論。

978-4-334-04545-6

1138

夢中になる 東大世界史
15の良問に学ぶ世界の成り立ち

福村国春

約40年分の過去問から、選りすぐりの15問で振り返る国際社会の歩み――。暗記しただけでは解けない、歴史の本質を突く問題を紐解けば、覚えただけの歴史が教養に変わる！

978-4-334-04546-3

1139

ディズニーとチャップリン
エンタメビジネスを生んだ巨人

大野裕之

ディズニーは、キャラクターの創作とストーリーの大切さ、権利の保持や配給会社との条件交渉などをチャップリンから学んだ。――固い友情と離別、知られざる二人の師弟関係。

978-4-334-04547-0

1140

スポーツとしての相撲論
力士の体重はなぜ30キロ増えたのか

西尾克洋

「決まり手」「体格」「怪我」「指導」「学歴」「国際化」「人気低迷」。7つのキーワードから見えてくる、伝統と進化のはざまで揺れ動く大相撲の現在。幕内全力士の解説付き！

978-4-334-04548-7

1141

糖尿病の真実
なぜ患者は増え続けるのか

水野雅登

「インスリンは一生のお付き合い」「糖尿病は不治の病」は本当なのか。脱インスリン率１００％の実績を持つ著者が、実際の治療例を紹介しつつ、現在の糖尿病治療の実情と問題点を解説。

978-4-334-04549-4

1142

「日本型格差社会」からの脱却

岩田規久男

戦後は日本しか経験していない長期デフレを原因とすることから、他国とは様子の異なる日本の格差。縮小するにはどうするべきか。日銀副総裁を務めた著者が具体的な政策を提言。

978-4-334-04550-0

光文社新書

1143

子育て罰

「親子に冷たい日本」を変えるには

末冨芳　桜井啓太

「子育て罰」とは、社会のあらゆる場面で、まるで子育てすること自体に罰を与えるかのような政治、制度、社会慣行、人びとの意識。「子育て罰大国・日本」を変える方策とは。

978-4-334-04551-7

1144

孤独は社会問題

孤独対策先進国イギリスの取り組み

多賀幹子

世界で初めて「孤独担当大臣」を設け、EU離脱後も混乱が続く国で、いま何が起きているのか。日本が学べることは何か。イギリス社会を見続けてきたジャーナリストが現地から報告。

978-4-334-04552-4

1145

ダイエットをしたら太ります。

最新医学データが示す不都合な真実

永田利彦

「ほぼ確実にリバウンド」「BMI18・5未満の死亡率は2倍」「小太りが一番長生き」――ダイエットは百害あって一利なし。摂食障害が専門の精神科医が「やせ礼賛」文化を斬る！

978-4-334-04553-1

1146

教養としてのロック名曲ベスト100

川崎大助

現代人の基礎教養、ロック名曲100を、これまでにない切り口で紹介・解説。著者の主観・忖度抜き、科学的な手法で得られた驚愕のランキングの1位は？　サブスク時代に最適のガイド。

978-4-334-04554-8

1147

日本のバドミントンはなぜ強くなったのか？

藤井瑞希

近年、なぜ日本のバドミントンは国際大会で目覚ましい結果を残しているのか。ロンドン五輪女子ダブルス銀メダリストの著者が自身の軌跡を振り返りながらその強さの秘密を語る。

978-4-334-04555-5

1148

腸と森の「土」を育てる
微生物が健康にする人と環境

桐村里紗

人の不調と、環境の不調は「土」でつながっている――最も身近な自然環境＝「腸内環境」と心身の関係、日々の食事の選択の重要性と方法を「プラネタリーヘルス」の観点から説く。

978-4-334-04556-2

1149

世間体国家・日本
その構造と呪縛

犬飼裕一

この国を支配する「空気の構造」とは？　そして、他人の目が気になるのはなぜ？　家庭で、学校で、社会で、人の心の中で、世間体はどう作用しているのか。歴史社会学者が多角的に考察。

978-4-334-04557-9

1150

「孤独」という生き方
「ありのままの自分」でいることのできる、自分だけの居場所を求めて

織田淳太郎

自らの体験に加え、孤独な生き方を実践する人たちへの豊富な取材を基に、人間の根源的な欲求を突き詰め、真に「生きる」とはどういうことかを考察する実用的ノンフィクション。

978-4-334-04558-6

1151

ニュースの未来

石戸諭

テレビ、新聞、出版…ニュースを巡る環境が悪化するなか、本当にこれらのメディアに未来はないのか。気鋭のノンフィクションライターが、ニュースの本質とその未来に迫る。

978-4-334-04559-3

1152

「ボヘミアン・ラプソディ」の謎を解く
〝カミングアウト・ソング〟説の真相

菅原裕子

同名映画も大ヒットした「過去１０００年で最も重要な曲」にフレディ・マーキュリーが込めたメッセージとは。膨大な資料をもとに、近年ささやかれている、ある「仮説」を検証。

978-4-334-04537-1